Kirstin Jebautzke

Lernwerkstatt Viele Kulturen – eine Welt

Fächerübergreifende Materialien zur interkulturellen Bildung

Kirstin Jebautzke ist ausgebildete Grund- und Hauptschullehrerin mit langjähriger Unterrichtserfahrung und Autorin zahlreicher Materialien für den Primarbereich.

Wir verwenden in unseren Werken eine genderneutrale Sprache, damit sich alle gleichermaßen angesprochen fühlen. Wenn keine neutrale Formulierung möglich ist, nennen wir die weibliche und die männliche Form. In Fällen, in denen wir aufgrund einer besseren Lesbarkeit nur ein Geschlecht nennen können, achten wir darauf, den unterschiedlichen Geschlechtsidentitäten gleichermaßen gerecht zu werden.

5. Auflage 2024

AAP Lehrerwelt GmbH
Veritaskai 3
21079 Hamburg
Telefon: +49 (0) 40325083-040
E-Mail: info@lehrerwelt.de
Geschäftsführung: Andrea Fischer, Sandra Saghbazarian
USt-ID: DE 173 77 61 42
Register: AG Hamburg HRB/126335

Autorschaft: Kirstin Jebautzke
Covergestaltung: TSA&B Werbeagentur GmbH, Hamburg
Coverillustration: Julia Flasche
Illustrationen: Julia Flasche (sowie: Anke Fröhlich, Seite 17: Auf dem Bauernhof; Seite 17: Märchen, Seite 59: Pippi Langstrumpf; Jennifer Spry, Seite 79: Wasser, Seite 80: Schokolode; Oliver Wetterauer, Seite 43: Weltkarte + Zeitzonen)
Satz: Satzpunkt Ursula Ewert GmbH, Bayreuth
Druck und Bindung: PMLS GmbH & Co. KG, Kassel

ISBN: 978-3-403-20010-9
www.persen.de

Vorwort

„Deutschland ist ein Einwanderungsland" – unabhängig davon, wie man diese Aussage beurteilt, stellt sich heutzutage die Schülerschaft in den meisten Grundschulklassen als multikulturell dar. Entsprechend findet sich der Aspekt des interkulturellen Lernens verbindlich in allen Lehrplänen wieder.

Sehr oft reduziert sich das Lernen dabei allerdings im Alltag auf die Vermittlung von Sprachkenntnissen. Sprachliche Fähigkeiten sind eine Schlüsselkompetenz für den Schulerfolg – sie sind ebenso die Bedingung für eine Teilhabe an der Gesellschaft. Nichtsdestoweniger ist interkulturelles Lernen aber mehr als „nur" Sprachenlernen. Es gilt, dass alle voneinander lernen. Die Heterogenität sollte so genutzt werden, dass alle den Wert erfahren, dass es zwischen allen Menschen Unterschiede gibt. Konkret bedeutet das, dass ggf. das Kind mit Migrationshintergrund etwas mehr Deutsch lernt. Es sollte aber vor allem auch lernen, dass es den anderen Kindern, die die deutsche Sprache evtl. besser beherrschen, durchaus viel vermitteln kann, z. B. dem Kind ohne Auslandserfahrung etwas Weltoffenheit.
Europa wächst zusammen und in der Grundschule sollten die Grundsteine dafür gelegt werden, dass sich niemand als „Inländer" oder „Ausländer" fühlt. Respekt vor der anderen Kultur, der geprägt ist von Neugier für das Andere, muss oberstes Ziel sein. Dafür ist es wichtig, immer wieder in den Austausch zu kommen. Im Gespräch und beim konkreten Umsetzen von größeren und kleineren Projektideen kann man am besten feststellen, warum gewisse Dinge in anderen Kulturkreisen anders betrachtet werden. Insbesondere im europäischen Kontext wird man dabei aber vor allem auch viele Gemeinsamkeiten feststellen, die nur auf den ersten Blick unterschiedlich scheinen.

Entsprechend bietet der vorliegende Band viele Unterrichtsideen, die dabei helfen, mit den Kindern immer wieder ins Gespräch zu kommen und darüber zu reflektieren, was die eigene Persönlichkeit ausmacht, wie unsere Gesellschaft durch den europäischen Gedanken geprägt wird und wie bunt unsere Klassengemeinschaft ist (auch unabhängig davon, ob Kinder mit einem „offiziellen" Migrationshintergrund dabei sind oder nicht).

Die meisten Kopiervorlagen sind so angelegt, dass die Schülerinnen und Schüler damit selbstständig arbeiten können. Das ermöglicht einen Einsatz im geführten Unterricht ebenso wie in der Wochenplan- oder Projektarbeit. Wichtig bei der Erstellung der Unterrichtsideen war immer der Gedanke, dass die Kinder über die Auseinandersetzung mit dem Material ins Gespräch kommen – mit einem Partner, in der Kleingruppe oder im Klassenverband.

Ich hoffe, dass Sie die Vorschläge gewinnbringend in Ihrem Unterricht einsetzen können und wünsche Ihnen und Ihren Schülerinnen und Schülern viel Erfolg und Spaß damit.

Praktische Tipps

Die Kapitel der *Lernwerkstatt: Viele Kulturen – eine Welt* sind so aufgebaut, dass jedes Kapitel für sich eine geschlossene Einheit bildet. Die **sechs Kapitel** haben jeweils einen besonderen Schwerpunkt, die aber alle durchaus auch miteinander vermischt werden können. Bei allen Themen wurde versucht, auch fachübergreifende Angebote zu machen. Auf diese Weise eignen sich die Kapitel auch für Einzelprojekte.

Das Buch versteht sich nicht als Lehrgang und erhebt auch nicht den Anspruch, dass alle Seiten von allen Kindern bearbeitet werden müssen. Vielmehr wird durch den Titel *Lernwerkstatt* zum Ausdruck gebracht, dass die Schülerinnen und Schüler durch **praktisches und selbstständiges Bearbeiten** der verschiedenen Themenaspekte ihren Wissensstand erweitern können. Dies kann je nach der von der Lehrkraft gewählten Organisationsform im Rahmen des (Fach-)Unterrichts (ggf. in Erweiterung zu einem Lehrbuch), der Frei- oder Wochenplanarbeit oder im Lernwerkstatt-Betrieb erfolgen. In den Kapiteln 1, 2, 3 und 6 wurde in besonderer Weise darauf Wert gelegt, dass die Themen **fächerübergreifend** bearbeitet werden können. Eine **tabellarische Übersicht zu Beginn jedes Kapitels** macht dies deutlich und erleichtert die Zuordnung.

Die erste Seite dient der Lehrperson als kurze **Einstimmung** in das jeweilige Themenfeld und gibt erste methodisch-didaktische Hinweise auf den Umgang mit den sich anschließenden Seiten. Auf den **Kopiervorlagen** werden verschiedene Aspekte aufgegriffen. Im Mittelpunkt steht dabei immer die Idee, eine möglichst handlungsorientierte und abwechslungsreiche Beschäftigung mit dem Thema anzubieten, die in einem notwendigen Austausch der Schülerinnen und Schüler untereinander mündet. Auf einigen Arbeitsblättern findet sich eine **differenzierte Aufgabenstellung**. Dabei sind komplexere Aufgabenformate mit einem Ⓓ gekennzeichnet. Durch die bewusst offen formulierten Aufgabenstellungen besteht grundsätzlich die Möglichkeit, je nach Klassensituation zu differenzieren. Innerhalb eines Kapitels wurde darauf geachtet, das Thema möglichst fachübergreifend anzulegen. Auf diese Weise finden sich viele Anknüpfungspunkte für eine interkulturelle Erziehung, die sich aus der Sache ergibt. Durch die Vielfalt der Ansatzpunkte kann es immer wieder zu den Austauschmöglichkeiten kommen, die für die Verständigung zwischen den Kulturkreisen wichtig ist.

Die **Lösungsblätter** am Ende der *Lernwerkstatt: Viele Kulturen – eine Welt* eignen sich für den Einsatz im Klassenzimmer (Stichwort: **Selbstkontrolle**). Sie bieten Ihnen eine Unterstützung bei einer schnellen Kontrolle der Arbeitsblätter.

Sich begrüßen – mit Hand und Fuß

In vielen Schulen gibt es im Eingangsbereich bereits Hinweise darauf, dass Kinder mit einem unterschiedlichen kulturellen Hintergrund hier gemeinsam lernen. In Sprechblasen oder auf Flaggen stehen Grüße in allen Sprachen und geben das deutliche Signal, dass in Deutschland nicht nur Deutsch gesprochen wird. Dieser kleine Impuls kann eine große Wirkung haben und sollte auf jeden Fall genutzt werden, um das Bewusstsein der Kinder für diese Vielfalt anzuregen. Das Gestalten der Sprechblasen oder Flaggen kann von einem Kind mit dem entsprechenden Migrationshintergrund übernommen werden oder Kinder finden einen Partner und gestalten das gewünschte Motiv nach Abstimmung gegenseitig für den anderen.

Begrüßungen finden aber nicht nur verbal statt, sondern auch körperlich. Der Austausch darüber, ob man es „schön" findet, von der Tante immer einen Kuss bei der Begrüßung aufgedrückt zu bekommen, wird für viele Kinder interessant sein, denn die Akzeptanz darüber ist in unterschiedlichen Kulturkreisen unterschiedlich ausgeprägt.

Eine besondere kulturelle Lernmöglichkeit besteht natürlich im Austausch über die Namen und die eigene Herkunft. Dabei muss kein „offensichtlicher" Migrationshintergrund vorliegen, um in einen angeregten Austausch zu kommen. Ein Umzug vom Norden in den Süden, aus der Stadt aufs Land o. Ä. sind da schon interessant. Wenn ggf. Erfahrungen oder Wissen über den Umzug von einem Land in ein anderes vorliegen, wirkt dies sicherlich auf den ersten Blick „spektakulärer", allerdings ist jeder Wechsel in der Biografie für Kinder aufregend.

Deutsch	Sachunterricht	Mathe	Kunst	Religion
Handschlag oder Küsschen?	Handschlag oder Küsschen?			
So begrüßen wir uns	So begrüßen wir uns			
			Reich mir die Hand	
Das sind wir				Das sind wir
Meine Sprachen				
Im Kopf habe ich …			Im Kopf habe ich …	Im Kopf habe ich …
Wir sprechen viele Sprachen		Wir sprechen viele Sprachen		
Ich spreche Deutsch und …?		Ich spreche Deutsch und …?		
Einfach tierisch	Einfach tierisch			

Handschlag oder Küsschen?

Kleines Gedanken-Experiment:

Du begegnest deiner Oma – wie begrüßt du sie?
Du begegnest einem Freund – wie begrüßt du ihn?
Du bist mit deiner Mutter unterwegs und ihr begegnet einem Erwachsenen – wie begrüßt du ihn?

In diesen drei verschiedenen Situationen wirst du vermutlich auch drei verschiedene Arten wählen, die jeweilige Person zu begrüßen. Für die Oma gibt es vielleicht eine Umarmung oder auch einen Kuss, deinem Freund sagst du „Hallo“ und ihr habt gar keinen weiteren Kontakt, dem Erwachsenen reichst du freundlich die Hand und sagst „Guten Tag“.

Und noch ein Gedanken-Experiment:

Kennst du noch andere Gesten, die bei einer Begrüßung gezeigt werden? Vielleicht hast du diese im Urlaub beobachtet oder in einem Film gesehen? In Spanien oder in Frankreich begrüßt man sich beispielsweise oft mit einem Küsschen links und rechts (oder nur auf einer Seite oder sogar insgesamt mit drei Küsschen).
In Thailand faltet man die Hände vor dem Oberkörper zusammen und macht dann eine leichte Verbeugung.

Auf der nächsten Seite sind einige Begrüßungsrituale dargestellt.
Welche kennst du? Welche machst du (und mit wem)?
Welche findest du nicht so angenehm?

In Deutschland und in den USA reicht man sich zur Begrüßung die Hand.

- ☐ Kenne ich.
- ☐ Nutze ich mit ______________________.
- ☐ Mag ich nicht so gern.

In Frankreich und in Spanien ist es üblich, sich mit einem Wangenkuss zu begrüßen.

- ☐ Kenne ich.
- ☐ Nutze ich mit ______________________.
- ☐ Mag ich nicht so gern.

In Japan begrüßt man sich ohne Körperkontakt. Auch auf einen Augenkontakt wird verzichtet.

- ☐ Kenne ich.
- ☐ Nutze ich mit ______________________.
- ☐ Mag ich nicht so gern.

Jugendliche in der ganzen Welt begrüßen sich oftmals mit einem lockeren Handschlag.

- ☐ Kenne ich.
- ☐ Nutze ich mit ______________________.
- ☐ Mag ich nicht so gern.

In Thailand verbeugt man sich bei der Begrüßung.

- ☐ Kenne ich.
- ☐ Nutze ich mit ______________________.
- ☐ Mag ich nicht so gern.

So begrüßen wir uns

- Kreise die Wörter blau ein, die du schon einmal gehört hast.
- Kreise die Wörter rot ein, die du schon einmal gesagt hast.

Hi. Salut. Bonjour. Hallo.

Hello. Namaste. Konnichiwa.

Ciao. Hola. Ni hao. Merhaba.

- Kannst du diese Begrüßungen auch den Ländern bzw. Kontinenten, aus denen sie stammen, zuordnen? Du kannst auch mit einem Partner arbeiten.
- Kennst du noch weitere Begrüßungen in anderen Sprachen?

  Ergänze in der Tabelle.

Begrüßung	Land / Kontinent
	Großbritannien, USA, Australien
	Türkei
	China
	Spanien, Südamerika
	Deutschland, Österreich
	Japan
	Indien
	Frankreich
	Italien

Reich mir die Hand

Ziel dieser Gemeinschaftsarbeit ist es, eine sichtbare Verbundenheit der Klasse darzustellen. Je nach Alter der Schülerinnen und Schüler können die Kinder dafür Umrisszeichnungen oder einen Druck von einer ihrer Hände anfertigen (oder dies ggf. auch gemeinsam mit einem Partner machen).

Durchführung:
Die Lehrkraft erzählt den Kindern zunächst den historischen Hintergrund des Händeschüttelns: Indem man seinem Gegenüber die (meist rechte) Hand offen entgegenstreckt, zeigt man, dass man keine Waffe in der Hand trägt – die Begrüßung ist also freundlich.
In der westlichen Welt wird das Händeschütteln oftmals zur Bekräftigung einer Verabredung oder eines Vertrags eingesetzt. Dafür finden sich bereits Beispiele in der Bibel. Heutzutage ist das Händeschütteln aus hygienischen Gründen bei einigen Menschen nicht ganz unumstritten.

Die Kinder betrachten ihre Hände und stellen individuelle Unterschiede fest. Sobald die Hände als Druck oder Umriss vorliegen, verschwinden diese aber fast vollständig.

Die einzelnen „Kunst-Hände" werden anschließend in einem großen Kreis auf einem Poster zusammengeklebt. Je nach Intention, kann damit ein Vorhaben, das in der Klasse besprochen wurde, bekräftigt werden, oder es dient nur als „Schmuck". Wer möchte, kann die Hände auch mit den Namen der Kinder beschriften.

Das sind wir – Scherenschnitte

Diese gestalterische Arbeit kann im Kunstunterricht ebenso durchgeführt werden wie im Deutsch- oder Ethik- bzw. Religionsunterricht.

Ziel:
Die Schülerinnen und Schüler sollen neben der intensiven Beschäftigung mit einem Partner die Erfahrung machen, wie unverwechselbar die verschiedenen Persönlichkeiten in der Klasse sind.

Durchführung:
Die Kinder arbeiten paarweise zusammen. Wichtig ist, dass die Beleuchtung, die den Schattenriss hervorruft, im rechten Winkel auf das Papier fällt.
Zunächst wird ein schwarzer Bogen Tonkarton an der Wand befestigt.
Ein Kind setzt sich mit einem Stuhl so davor, dass das Profil gut zu erkennen ist.
Der Partner zeichnet das Profil bis zum Hals bzw. Schulterbereich nach. Anschließend wird der Schattenriss ausgeschnitten.

In einem Kreisgespräch werden die Schattenrisse den verschiedenen Kindern zugeordnet. Besonders dekorativ ist es, wenn die Schattenrisse anschließend im Klassenzimmer als eine Art Fries aufgehängt werden. Je nach Interesse können dazu Flaggen der Herkunftsländer geklebt werden, Sprechblasen mit Begrüßungsworten, Aufzählungen mit den Sprachen des Kindes, Fotos von Sehenswürdigkeiten oder persönliche Zeichnungen.

Meine Sprachen

Zu Hause spreche ich:

Mit meinen Freunden spreche ich:

Diese Sprachen habe ich schon einmal gehört, z. B. im Urlaub:

In diesen Sprachen verstehe ich einige Wörter:

Diese Sprache(n) möchte ich gern lernen:

Im Kopf habe ich ...

Kindern ist oftmals gar nicht bewusst, dass sie mehr als eine Sprache verstehen. Sie singen Texte mit, die sie im Radio hören, sie sprechen Werbetexte aus dem Fernsehen nach usw.
Das Arbeitsblatt „Meine Sprachen“ unterstützt die Schülerinnen und Schüler bei der Bewusstmachung. Wenn Sie zusätzlich den Bogen im Klassenforum vorstellen, entsteht ein weiterer Gesprächsanlass. Emotional besonders ansprechend ist das Eintragen der Sprachen in Umrisszeichnungen. Dafür können sich die Kinder gegenseitig malen oder sie nutzen die (vergrößerte) Skizze unten. Aufgabe ist es, zu überlegen und im Umriss einzuzeichnen, wo sich für das Kind individuell im Körper Sprachen „aufhalten“ – das kann die italienische Pizza im Bauchbereich oder die türkische Sprache im Herzen sein. Auch hier bietet die sich anschließende Präsentation vielfältige Gesprächsanlässe.

Im Kopf habe ich ...

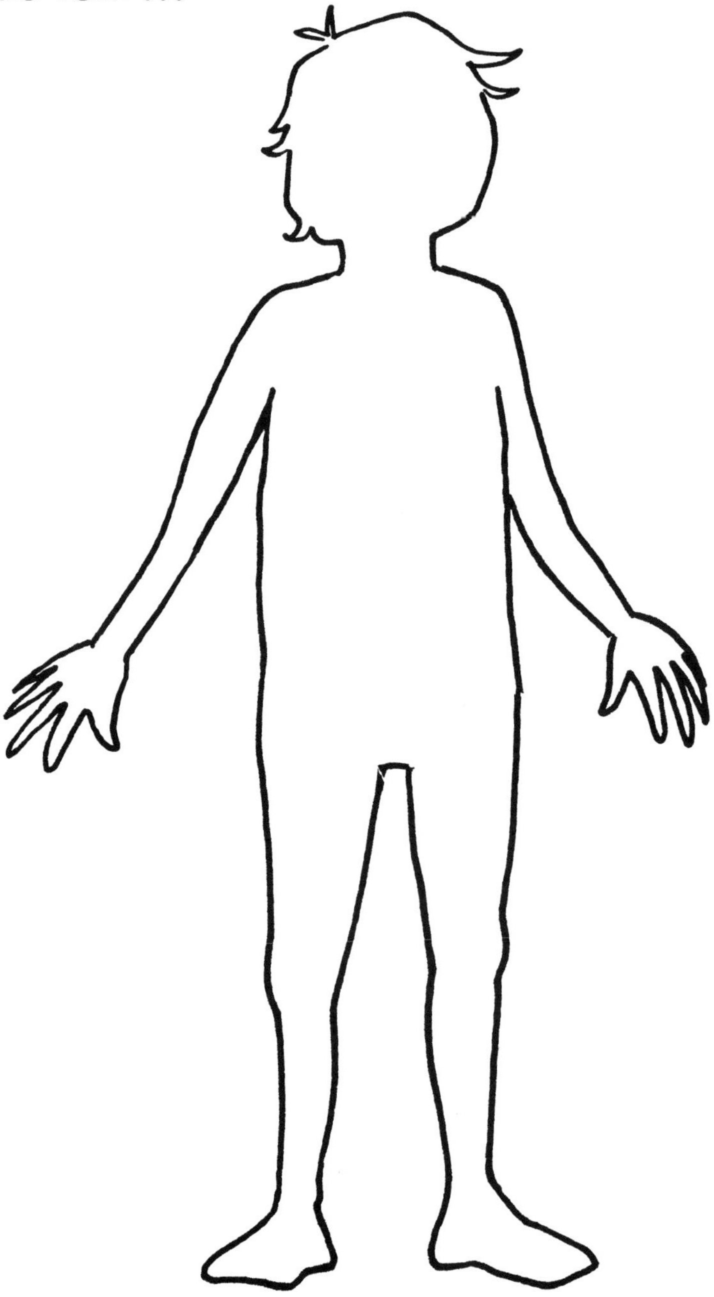

Wir sprechen viele Sprachen

Wie viele Sprachen werden in der Klasse gesprochen? Diese Frage ist für viele Kinder spannend – und zudem ein guter Anknüpfungspunkt, sich über die Herkunft jeder Mitschülerin und jedes Mitschülers zu informieren.

Darüber hinaus bietet die Fragestellung aber auch einen guten Ausgangspunkt, sich mit Diagrammen zu beschäftigen.

So kann die Verteilung der Sprachen in einer Klasse als Mengendiagramm oder als Säulendiagramm dargestellt werden.

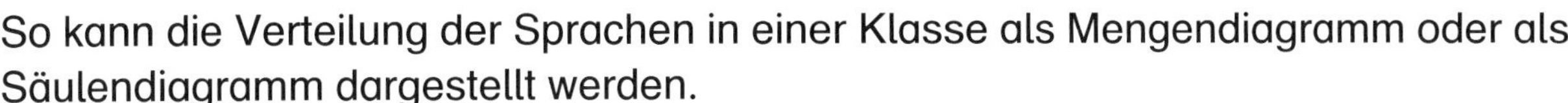

Das Mengendiagramm

Zunächst schreibt jedes Kind seinen Namen auf einen Klebezettel.

Anschließend werden an der Tafel oder auf einem Poster Kreise gezeichnet – pro Sprache ein Kreis. Die Kinder kleben ihren Namen in die Kreise, die die Sprache umfasst, die sie sprechen. Statt mehrfach den eigenen Namen einzukleben, sollen die Kinder überlegen, wie die Kreise verschoben werden können, dass jeder Name nur einmal im Diagramm steht. Dafür müssen Schnittmengen gebildet werden. Selbstverständlich ist es möglich, das Diagramm auch ohne Namen darzustellen und stattdessen die Anzahl der Kinder einzutragen (persönlicher ist aber die Version mit den Vornamen).

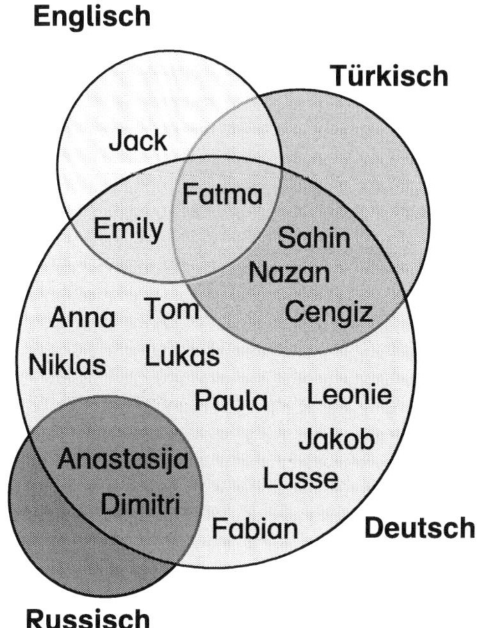

Das Säulendiagramm

Die Daten für das Säulendiagramm können durch eine Umfrage ermittelt werden, die die Kinder individuell in der Klasse oder durch eine zentral gesteuerte Abfrage durchführen.

Auf der x-Achse werden die Namen der verschiedenen Sprachen notiert, die in der Klasse gesprochen werden. Auf der y-Achse ist die Anzahl der Schülerinnen und Schüler vermerkt. Je nachdem, wie viele Kinder eine Sprache sprechen, ist die Säule im Diagramm hoch oder niedrig.

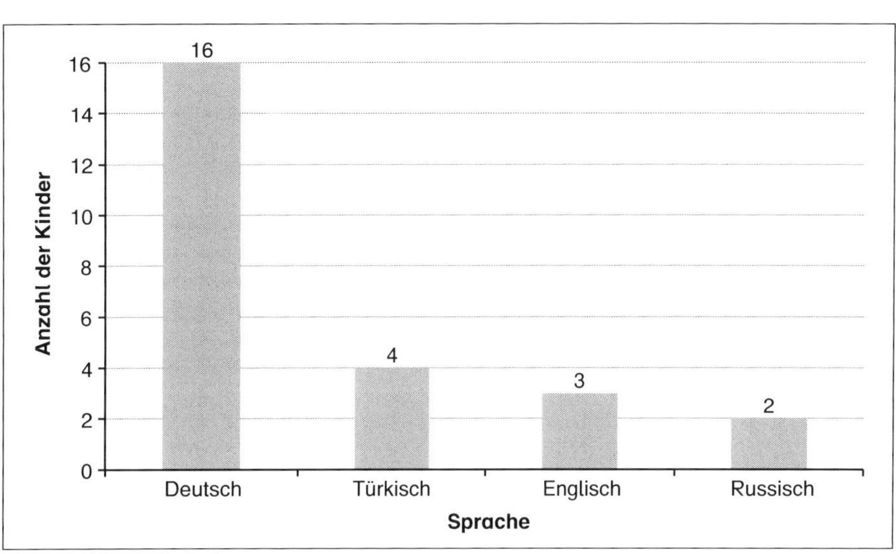

Ich spreche Deutsch und ...?

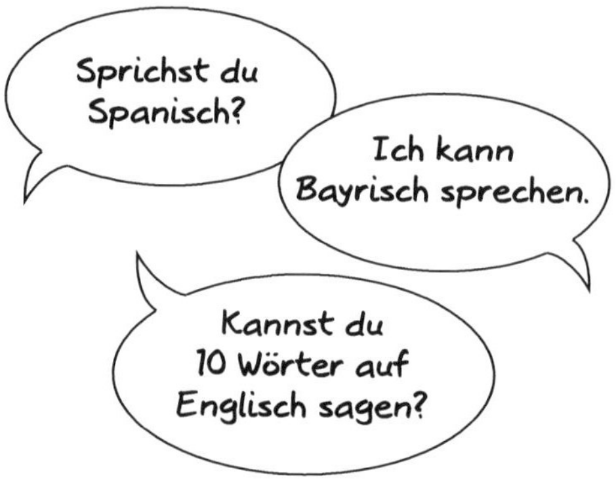

- Befrage 10 Kinder, welche Sprachen sie sprechen.
- Notiere die Antworten in der Tabelle.
- Fertige ein Säulendiagramm an. Trage dafür die Namen der Sprachen unten ein.
- Erkläre das Ergebnis einem Klassenkameraden.

Sprichst du Spanisch?

Ich kann Bayrisch sprechen.

Kannst du 10 Wörter auf Englisch sagen?

Name	... spricht diese Sprachen

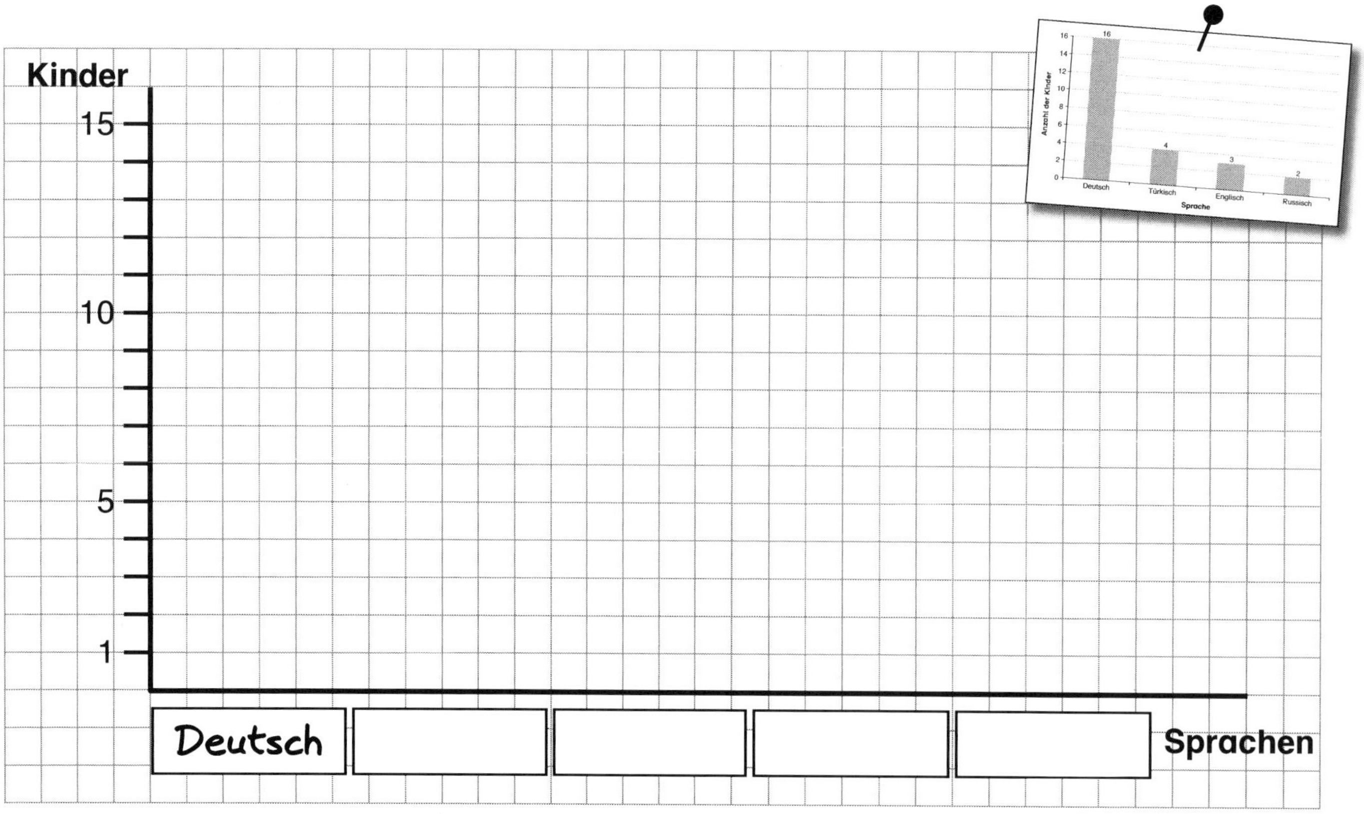

Kinder

15

10

5

1

Deutsch

Sprachen

Einfach tierisch

Wusstest du, dass auch Tiere eine andere Sprache sprechen, wenn sie in einem anderen Land leben, z. B. in England? Schau dir das Bild an. Kannst du verstehen, was die Tiere sagen? Übersetze die Tierlaute ins Deutsche – oder kennst du sie auch in einer anderen Sprache?

Fülle die Sprechblasen unten aus.

Meeow!
Moo!
Neigh!
Cock-a-doodle-doo!
Baa!
Quack!
Oink!
Woof!

Lege eine Tabelle an und schreibe die Namen der Tiere in möglichst vielen Sprachen auf.

Deutsch	Englisch	Spanisch
Hund	dog	perro

Kennst du deine Nachbarn?

Für viele Kinder ist der Nachbarschaftsbegriff mit der unmittelbaren Lebensumwelt verbunden. Aus europäischer Sicht ist es für Kinder sehr spannend, den Blickwinkel zu erweitern und dabei nicht nur auf die Nachbarn Deutschlands zu schauen, sondern Deutschland durchaus auch als Nachbarland wahrzunehmen. Auf diese Weise können Stereotype deutlich gemacht und durchaus auch in Frage gestellt werden. Wie sieht ein Italiener einen Deutschen und umgekehrt? Wenn ich in Deutschland lebe, gilt dann wirklich, dass hier jeden Tag Kartoffeln gegessen werden? Solche und andere Meinungen sind spannend und können im Klassenraum diskutiert werden.

Die Globalisierung führt dazu, dass in der Wahrnehmung für viele Kinder New York oder Sydney dichter an Deutschland liegen als Ankara oder Madrid. Spielerisch kann diese Wahrnehmung relativiert werden. Besonders gewinnbringend ist es, wenn Eltern oder Großeltern von Kindern mit Migrationshintergrund in die Schule eingeladen werden können, um von ihren Heimatländern zu erzählen. Diese authentischen Berichte bieten eine Menge Gesprächsanlässe und machen die Beschäftigung mit Europa besonders lebendig.

Dieses Kapitel bietet viele Möglichkeiten, Kopiervorlagen auch aus „Sich begrüßen – mit Hand und Fuß" einzusetzen, z. B. „So begrüßen wir uns" (S. 10), „Meine Sprachen" (S. 13) oder „Wir sprechen viele Sprachen" (S. 15).

Deutsch	Sachunterricht	Mathe	Religion
Wir sind alle Nachbarn			
	Reiseland Europa		
	Europas Flaggen		
	Woher kommt das Auto?		
Europas Hauptstädte 2	Europas Hauptstädte 1 und 2		
Hauptstädte-Spiel	Hauptstädte-Spiel		
Stadt – Land – Fluss	Stadt – Land – Fluss		
		Europas Geld: der Euro	Feste feiern weltweit
Interkultureller Kalender 1 und 2	Interkultureller Kalender 1 und 2		Interkultureller Kalender 1 und 2

Wir sind alle Nachbarn

Dein Christus ein Jude
Dein Auto ein Japaner
Deine Pizza italienisch
Deine Demokratie griechisch
Dein Kaffee brasilianisch
Dein Urlaub türkisch
Deine Zahlen arabisch
Deine Schrift lateinisch
Und dein Nachbar nur ein Ausländer?

(Quelle: Anonym)

- Lies dir das Gedicht leise vor.
- Sprich mit deinem Nachbarn.
  Fallen euch noch mehr Sachen ein,
  die in eurem Alltag „ausländisch“ sind?
  Stellt eine Liste zusammen.
- Vergleicht eure Liste mit einem anderen Paar.

Reiseland Europa

- Arbeite mit einem Partner.
  Zeige deinem Partner, wo du bereits in Europa gewesen bist. ODER
  Zeige deinem Partner, wohin du in Europa gern einmal reisen möchtest.
- Suche auf der Landkarte die Länder, aus denen deine Freunde, Verwandte oder Klassenkameraden stammen.

DÄNEMARK (Grönland)
Grönland-see
Barentsee
Irminger-see
ISLAND
Europäisches Nordmeer
FINNLAND
DÄNEMARK (Färöer)
ATLANTISCHER OZEAN
NOR-WEGEN
RUSSLAND
SCHWEDEN
EST-LAND
Ostsee
Nordsee
LETTLAND
KASACHSTAN
DÄNE-MARK
LITAUEN
RUSS-LAND
IRLAND
MAN
WEISS-RUSSLAND
VEREINIGTES KÖNIGREICH
POLEN
NIEDER-LANDE
DEUTSCH-LAND
Kaspisches Meer
BELGIEN
UKRAINE
GUERNSEY, JERSEY
TSCHECHIEN
ATLANTISCHER OZEAN
LUXEM-BURG
SLOWAKEI
MOLDA-WIEN
(SÜD-OSSETIEN)
(ABCHASIEN)
ÖSTER-REICH
UNGARN
ASER-BAID-SCHAN
GEORGIEN
FRANKREICH
SCHWEIZ
LIECHTENSTEIN
RUMÄNIEN
Schwarzes Meer
SLO-WENIEN
KROATIEN
ARME-NIEN
BOSNIEN UND HERZE-GOWINA
SERBIEN
IRAN
SAN MARINO
BULGARIEN
MONACO
KOSOVO
ANDORRA
MAZE-DONIEN
TÜRKEI
PORTU-GAL
VATIKAN
MONTE-NEGRO
ITALIEN
SPANIEN
ALBA-NIEN
GRIECHEN-LAND
SYRIEN
Mittelmeer
(NORDZ.)
IRAK
ATLAN-TISCHER OZEAN
ZYPERN
LIBA-NON
JORDA-NIEN
MAROKKO
ALGERIEN
TUNESIEN
MALTA
Mittelmeer
ISRAEL
SAUDI-ARABIEN

Europas Flaggen

- Kennst du die Flaggen der Länder? Male sie aus.
- Schneide die Karten aus und spiele mit einem Partner Domino.
- Kannst du erklären, woher die Buchstaben für die Autokennzeichen kommen?

Start	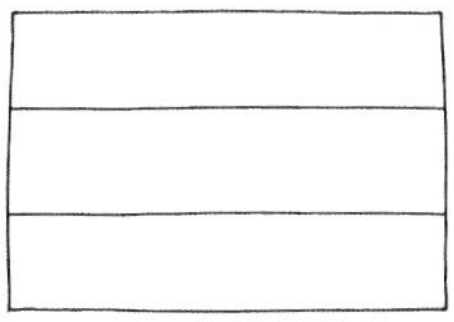 D	Deutschland	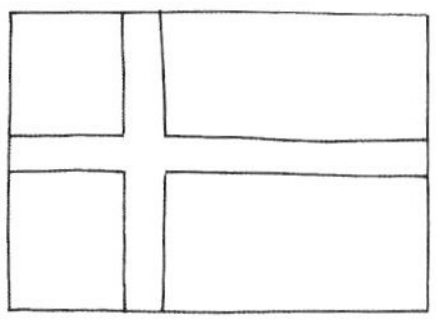 DK
Dänemark	 E	Spanien	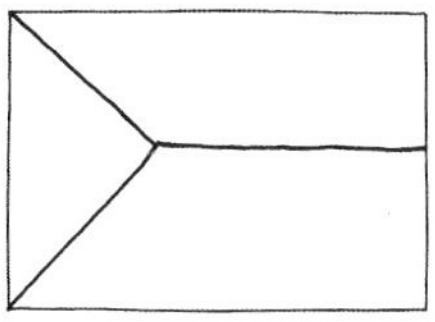 CZ
Tschechien	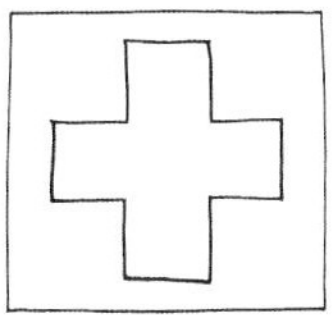 CH	Schweiz	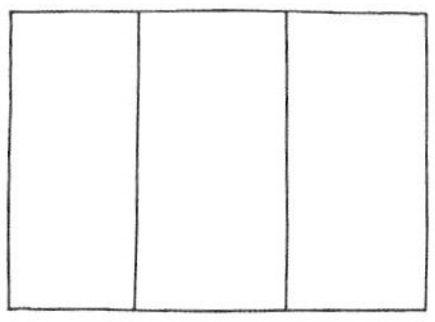 F
Frankreich	 GB	Großbritannien	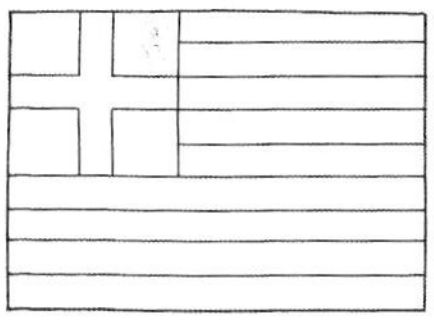 GR
Griechenland	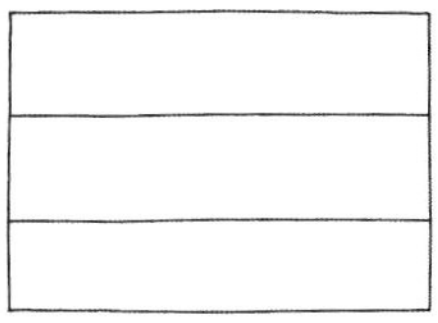 H	Ungarn	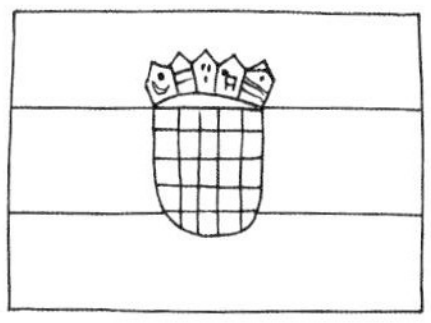 HR
Kroatien	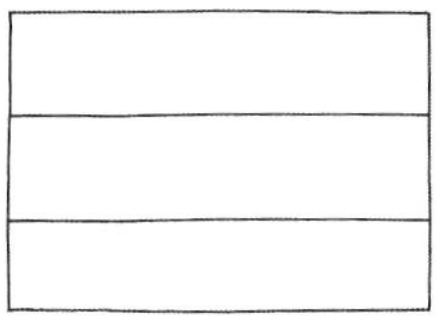 LT	Litauen	***Ende***

Woher kommt das Auto? (Blankovorlage)

- Welche Kfz-Nationalitätskennzeichen kennst du?
  Fertige ein Domino an, in das du die Kennzeichen und die Ländernamen einträgst.
  Tipp: Du kannst auch im Internet recherchieren.
- Schneide die Karten aus und spiele das Domino mit einem Partner.

Start			
			Ende

Europas Hauptstädte 1

- Findest du die 12 Hauptstädte im Suchsel?
- Ordne sie anschließend den Ländern zu.

A	L	M	B	M	S	V	K	O	C	A	B	O	Z	A	G
B	K	O	C	N	T	A	R	H	D	M	E	B	P	M	L
M	O	S	K	A	U	C	S	K	M	E	R	H	N	S	T
C	P	R	D	T	O	D	F	K	F	D	L	K	O	T	U
D	E	T	E	H	M	T	D	P	A	R	I	S	L	E	R
E	N	S	F	E	A	E	U	P	T	L	N	V	K	R	A
P	H	L	O	N	D	O	N	N	R	E	T	B	S	D	W
G	A	U	G	P	R	F	M	W	A	R	S	C	H	A	U
H	G	B	H	L	I	S	S	A	B	O	N	C	U	M	K
K	E	A	I	R	D	G	L	A	S	M	D	T	B	E	A
A	N	K	A	R	A	H	M	B	T	D	G	C	H	F	K

Großbritannien ____________

Spanien ____________

Türkei ____________

Niederlande ____________

Russland ____________

Deutschland ____________

Griechenland ____________

Portugal ____________

Dänemark ____________

Italien ____________

Frankreich ____________

Polen ____________

- Fertige ein neues Suchsel mit Hauptstädten an.

Europas Hauptstädte 2

- Kennst du die Hauptstädte Europas?
  Schneide die Karten aus und ordne die Länder den Städten zu.
  Vergleiche mit einem Partner.
- Spiele mit einem Partner das Paarspiel.

Italien	Türkei	Griechenland	Deutschland	Frankreich
Polen	Russland	Belgien	Österreich	Schweden
Tschechien	Kroatien	Norwegen	Portugal	Lettland
Rom	Ankara	Athen	Berlin	Paris
Warschau	Moskau	Brüssel	Wien	Stockholm
Prag	Zagreb	Oslo	Lissabon	Riga

Spielregeln für das Paarspiel:

Schneidet alle Karten aus.
Mischt die Karten und legt sie dann mit der Schrift nach unten auf den Tisch.
Der jüngere Spieler beginnt.
Er deckt nacheinander zwei Karten auf.
Passen sie zusammen, d. h. gehören die beiden Wörter als Hauptstadt und Land zusammen, darf er die beiden Karten behalten und zwei weitere Karten aufdecken.
Passen die beiden Karten nicht zusammen, muss er sie wieder an den alten Platz zurücklegen und Spieler 2 deckt zwei Karten auf.
Es wird so lange gespielt, bis keine Karten mehr übrig sind.
Gewonnen hat, wer die meisten Paare im Spielverlauf sammeln konnte.

Hauptstädte-Spiel (Blankovorlage)

- Welche Hauptstädte kennst du?
  Schreibe auf 16 Karten die Namen von Hauptstädten,
  auf die anderen 16 Karten die passenden Ländernamen.
  Tipp: Du kannst auch einen Atlas zur Hilfe nehmen.
- Schneide die Karten aus und spiele das Paarspiel mit einem Partner.

Stadt – Land – Fluss 1

Kennst du das Spiel „Stadt – Land – Fluss“? Es geht ganz einfach:
Ihr braucht dazu für jeden Spieler ein Blatt Papier und einen Bleistift.
Entweder ihr zeichnet selbst eine Tabelle oder ihr nehmt eine Vorlage, z. B. die auf der nächsten Seite.
Ohne Vorlage könnt ihr noch viel besser darüber abstimmen, welche Kategorien ihr suchen wollt.
Meistens gehören die Begriffe „Stadt“, „Land“, „Fluss“ dazu, aber ihr könnt auch andere Dinge suchen: Vorname, Gemüse/Obst, Tier, Sportart, berühmte Persönlichkeit, berühmte Sehenswürdigkeit, Buchtitel, Berg, … überlegt es euch.
Der jüngste Spieler sagt vor der ersten Spielrunde leise das ABC auf (so, dass es niemand hören kann).
Das Kind rechts von ihm sagt irgendwann STOPP.
Je nachdem, bei welchem Buchstaben der jüngste Spieler angekommen ist, wird dieser laut gesagt.
Jetzt geht es darum, wer als Erstes für alle Kategorien ein Wort aufschreiben kann, das mit diesem Buchstaben beginnt. Sobald ein Spieler alle Wörter gefunden hat, ist das Spiel zu Ende und die Punkte werden verteilt.
Der Gewinner darf als Nächstes das ABC aufsagen.

Punkteverteilung:
20 Punkte: Niemand sonst hat in dieser Kategorie ein Wort gefunden.
10 Punkte: Das Wort wird nur von einem Spieler genutzt.
5 Punkte: Das Wort wird auch von einem anderen Spieler genutzt.

Interkulturelle Variante:
Wenn es erlaubt ist, dass Kinder andere Sprachen nutzen, ist es oftmals bemerkenswert, wie viel schneller die Tabelle ausgefüllt werden kann. So ist dann z. B. bei der Suche nach einem Gemüse mit A das Wort „agurk“ richtig, weil beispielsweise im Norwegischen die Gurke mit A beginnen kann.

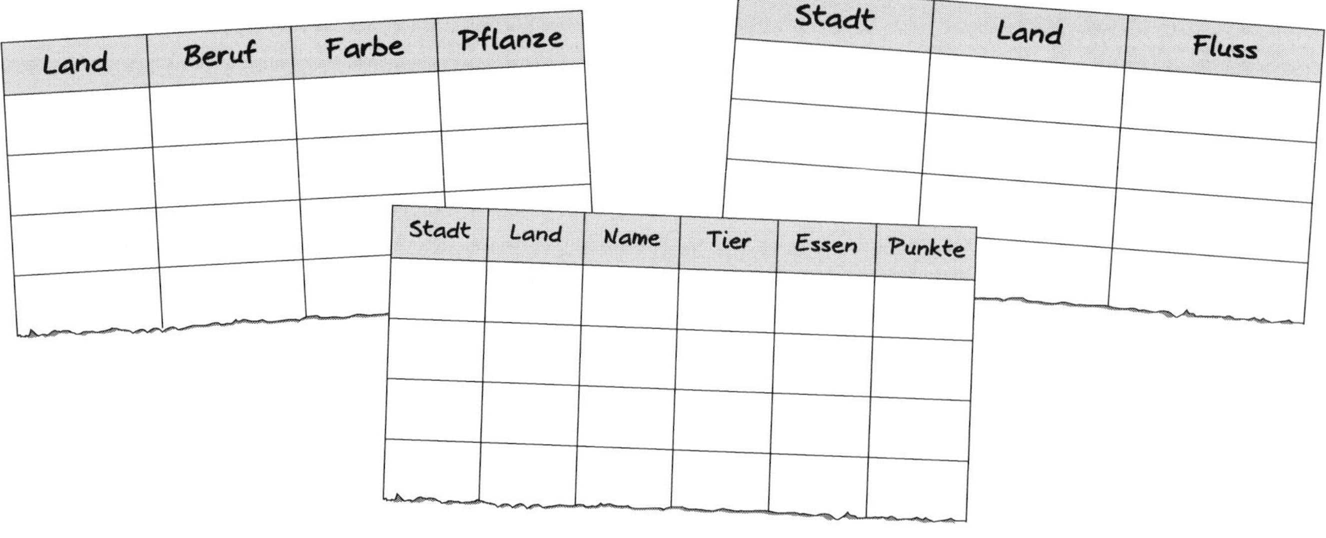

Stadt – Land – Fluss 2 (Spielplan)

Stadt	Land	Fluss	Name	Obst/Gemüse	Tier	Sportart		PUNKTE

Punkteverteilung:
20 Punkte: Niemand sonst hat in dieser Kategorie ein Wort gefunden.
10 Punkte: Das Wort wird nur von einem Spieler genutzt.
5 Punkte: Das Wort wird auch von einem anderen Spieler genutzt.

Europas Geld: der Euro

In Europa zahlt man in sehr vielen Ländern mit dem Euro – so nennt man die Währung der Europäischen Wirtschafts- und Währungsunion.

➊ Schreibe untereinander und addiere.

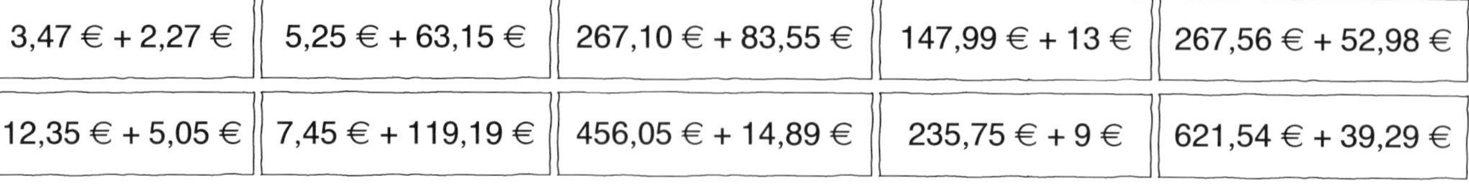

3,47 € + 2,27 €	5,25 € + 63,15 €	267,10 € + 83,55 €	147,99 € + 13 €	267,56 € + 52,98 €
12,35 € + 5,05 €	7,45 € + 119,19 €	456,05 € + 14,89 €	235,75 € + 9 €	621,54 € + 39,29 €

➋ Schreibe untereinander und subtrahiere.

69 € – 17 €	55,15 € – 37,10 €	678 € – 525,45 €	17,89 € – 9 €	875,65 € – 65,75 €
112 € – 18 €	98,12 € – 67,35 €	987,65 € – 729,95 €	11,23 € – 8 €	265,65 € – 85,99 €

▷ Schreibe auf, in welchen Ländern Europas mit dem Euro bezahlt wird.

___

___

___

Feste feiern weltweit

Ein ganz besonderes Fest ist für dich bestimmt dein Geburtstag. Es gibt aber noch viele andere wichtige Feste. Lies die kurzen Texte und kreuze an, ob du dieses Fest kennst und ob du es feierst. Versuche jemanden zu finden, der dir etwas über die Feste erzählen kann, die du nicht kennst – oder recherchiere im Internet oder in der Bücherei.

Halloween
Brauch am Vorabend von Allerheiligen – Kinder verkleiden sich heutzutage und fragen nach Süßigkeiten.
☐ kenne ich
☐ feiere ich

Pongal
Das tamilische Erntedankfest ist eines der wichtigsten tamilischen Feiertage und wird über vier Tage gefeiert.
☐ kenne ich
☐ feiere ich

Weihnachten
Das Fest der Geburt Jesu.
☐ kenne ich
☐ feiere ich

Vatertag
Feiertag zu Ehren des Vaters, in Deutschland fällt dieser zeitlich mit Himmelfahrt zusammen.
☐ kenne ich
☐ feiere ich

Holi
Indisches Frühlingsfest, das auch „Fest der Farben" genannt wird.
☐ kenne ich
☐ feiere ich

Jom Kippur
Der „Versöhnungstag" ist der höchste jüdische Feiertag.
☐ kenne ich
☐ feiere ich

Ramadanfest
Das „Fest des Fastenbrechens", das im Türkischen auch „Zuckerfest" genannt wird, wird am Ende des Fastenmonats Ramadan gefeiert.
☐ kenne ich
☐ feiere ich

Muttertag
Feiertag zu Ehren der Mutter am 2. Sonntag im Mai (in Deutschland).
☐ kenne ich
☐ feiere ich

Erntedankfest
Christliche Feier, mit der im Herbst Gott für die Ernte gedankt wird.
☐ kenne ich
☐ feiere ich

Sukkot
Das „Laubhüttenfest" ist eines der drei jüdischen Wallfahrtsfeste.
☐ kenne ich
☐ feiere ich

Nikolaus
Die Bräuche zum Nikolaustag sind regional sehr unterschiedlich – es geht aber immer um das Schenken (von Kleinigkeiten).
☐ kenne ich
☐ feiere ich

Dashahara
An diesem hinduistischen Feiertag wird der Sieg des Guten über das Böse gefeiert.
☐ kenne ich
☐ feiere ich

Ostern
Gedächtnisfeier anlässlich der Auferstehung Jesu Christi
☐ kenne ich
☐ feiere ich

Valentinstag
„Tag der Liebenden", an dem man sich Blumen oder Süßigkeiten schenkt.
☐ kenne ich
☐ feiere ich

Opferfest
Das höchste islamische Fest ist das Opferfest.
☐ kenne ich
☐ feiere ich

Interkultureller Kalender (1)

Für diese Aufgabe benötigst du einen aktuellen Jahreskalender – und mindestens einen Partner. Hilfreich ist es auch, im Internet zu recherchieren. Vielleicht kann dir aber auch jemand persönlich Auskunft geben. Die Fragen helfen dir, die interkulturellen Feiertage einzutragen.
Kleiner Tipp: Die Fragen entsprechen dem Jahreslauf.

Wann wird in Deutschland Neujahr gefeiert?
Wann findet das Neujahrsfest in China statt?
Wann feiern die Christen in diesem Jahr Ostern?
Wann findet das orthodoxe Osterfest statt?
Wann ist der Internationale Frauentag?
Wann ist der Internationale Kindertag?
Wann ist in diesem Jahr der Weltkindertag?
Wann feiern wir in diesem Jahr in Deutschland Muttertag?
Wann feiern wir in diesem Jahr in Deutschland Vatertag?
Wann feiern die Tamilen das Pongalfest?
Wann wird das Holifest gefeiert?
Wann wird das Schawuot-Fest von den Juden gefeiert?
Wann beginnt in diesem Jahr der Ramadan?
Wann endet in diesem Jahr der Ramadan?
Wann findet das Ganeshafest statt?
Wann feiern wir in diesem Jahr das Erntedankfest in Deutschland?
Wann wird in diesem Jahr Thanksgiving gefeiert?
Wann feiert man in diesem Jahr Chanukka?
Wann wird Sukkot gefeiert?
Wann findet in diesem Jahr Halloween statt?
Wann findet das Hindu-Fest Dashahara in diesem Jahr statt?
Wann findet das Divali-Fest statt?
Wann ist in diesem Jahr Weihnachten?
Wann wird in diesem Jahr das orthodoxe Weihnachtsfest gefeiert?

Natürlich gibt es noch viel mehr Feiertage im Jahr – und natürlich auch Festtage, die für dich eine besondere Bedeutung haben, z. B. dein Geburtstag. Diese Tage kannst du auch alle im Kalender eintragen.

Interkultureller Kalender (2)

Januar	Februar	März	April	Mai	Juni	Juli	August	September	Oktober	November	Dezember
1	1	1	1	1	1	1	1	1	1	1	1
2	2	2	2	2	2	2	2	2	2	2	2
3	3	3	3	3	3	3	3	3	3	3	3
4	4	4	4	4	4	4	4	4	4	4	4
5	5	5	5	5	5	5	5	5	5	5	5
6	6	6	6	6	6	6	6	6	6	6	6
7	7	7	7	7	7	7	7	7	7	7	7
8	8	8	8	8	8	8	8	8	8	8	8
9	9	9	9	9	9	9	9	9	9	9	9
10	10	10	10	10	10	10	10	10	10	10	10
11	11	11	11	11	11	11	11	11	11	11	11
12	12	12	12	12	12	12	12	12	12	12	12
13	13	13	13	13	13	13	13	13	13	13	13
14	14	14	14	14	14	14	14	14	14	14	14
15	15	15	15	15	15	15	15	15	15	15	15
16	16	16	16	16	16	16	16	16	16	16	16
17	17	17	17	17	17	17	17	17	17	17	17
18	18	18	18	18	18	18	18	18	18	18	18
19	19	19	19	19	19	19	19	19	19	19	19
20	20	20	20	20	20	20	20	20	20	20	20
21	21	21	21	21	21	21	21	21	21	21	21
22	22	22	22	22	22	22	22	22	22	22	22
23	23	23	23	23	23	23	23	23	23	23	23
24	24	24	24	24	24	24	24	24	24	24	24
25	25	25	25	25	25	25	25	25	25	25	25
26	26	26	26	26	26	26	26	26	26	26	26
27	27	27	27	27	27	27	27	27	27	27	27
28	28	28	28	28	28	28	28	28	28	28	28
29		29	29	29	29	29	29	29	29	29	29
30		30	30	30	30	30	30	30	30	30	30
31		31		31		31	31		31		31

Schule = Der Ernst des Lebens?

Die Tatsache, dass die Beschäftigung mit dem Thema „Viele Kulturen – eine Welt" in der Schule stattfindet, ist bereits ein Kennzeichen dafür, wie selbstverständlich in Deutschland das Schulleben für Kinder ist. Diese jammern zwar immer wieder über diese Pflicht, aber gerade deshalb sollte den Schülerinnen und Schülern bewusst gemacht werden, was es bedeutet, wenn man grundsätzlich keine Möglichkeiten hat, zur Schule zu gehen.

Haben Sie die Schülerinnen und Schüler Ihrer Klasse schon einmal aufgefordert, ohne jede Vorgabe „Schule zu spielen"? Immer wieder wird dabei ein Bild von Schule dargestellt, das in den wenigsten Fällen der „deutschen" Realität entspricht: ein sehr strenger Lehrer, Tische, die in Reihe aufgestellt sind, viele Regeln mit entsprechend vielen Strafen … woher kommt dieses Bild? Abschließend lässt sich diese Frage sicherlich nicht beantworten, aber sie öffnet den Blick auf die tatsächliche aktuelle Situation.

Die Beschäftigung mit dem Thema Schule aus historischer bzw. interkultureller Sicht führt dazu, dass sich die Kinder mit etwas mehr Abstand über die eigene Situation äußern können. Auch wenn für viele Schule per se nicht attraktiv sein mag, kann es mit einem „neuen Blick" gelingen, einige Dinge zu relativieren.

Deutsch	Sachunterricht	Mathe	Englisch	Kunst
	Schule vor 100 Jahren			
Bildung für alle Kinder				
Schulanfang und Zuckertüte				Schulanfang und Zuckertüte
Schulsachen	Schulsachen			
Klassenregeln	Klassenregeln	Ohne Wasser geht es nicht		
Schuluniform – ja oder nein?				Schuluniform – ja oder nein?
	Wasserkreislauf im Glas			
	Tag für Tag		Tag für Tag	
	Mein Stundenplan		Mein Stundenplan	
		Rechnen mit Zeit-einheiten 1 und 2		
	Die Weltzeituhr	Die Weltzeituhr		

Schule vor 100 Jahren

- Vergleiche das Bild unten mit deinem Klassenzimmer. Notiere Gemeinsamkeiten und Unterschiede.
- Interview: Frage deine Großeltern, was sie in ihrer Schulzeit erlebt haben. Was war anders als heute? Berichte in der Klasse.

Schule damals	Schule heute

Bildung für alle Kinder

Kennst du diese Flagge?
Es ist die Flagge des Kinderhilfswerks der Vereinten Nationen UNICEF.
Überlege, warum dieses Motiv gewählt wurde.

Wusstest du, dass …

… ca. 61 Millionen Kinder keine Chance haben, Lesen und Schreiben zu lernen? Das liegt daran, dass ihre Familien zu arm sind oder die nächste Schule zu weit weg vom Heimatort liegt.

… ca. 30 Millionen Kinder, die nicht zur Schule gehen können, in Afrika südlich der Sahara leben? In dieser Region gab und gibt es viele Bürgerkriege. Die Immunkrankheit AIDS hat viele Kinder zu Waisen gemacht und Bildung ist hier für viele Menschen ein Luxusgut.

… besonders Mädchen davon betroffen sind, keine Schulbildung zu erhalten? Mädchen müssen häufig früh arbeiten gehen und oft früh heiraten.

Das Kinderhilfswerk der Vereinten Nationen UNICEF hat deshalb viele Projekte ins Leben gerufen, die sich um den Ausbau der Bildung für alle Kinder kümmern.
UNICEF kümmert sich darum,

- Schulen zu bauen und Schulen instand zu setzen
- für Trinkwasser und Hygiene zu sorgen
- Unterrichtsmaterial zu besorgen
- Lehrerinnen und Lehrer auszubilden
- Gesundheit zu fördern
- Kinder zu unterstützen, die besondere Hilfe brauchen (z. B. Waisen und Mädchen)

- Lies dir die Fakten durch.
- Was weißt du über UNICEF? Warum sind die Projekte der UNICEF wichtig?
- Überlege: Warum ist es wichtig, dass Kinder in die Schule gehen?

Schulanfang und Zuckertüte

- Lies den Text und beantworte die Fragen.
- Erinnerst du dich noch an deine Schultüte? Male.
- Finde heraus, wie in anderen Ländern der erste Schultag verläuft.

In Deutschland gehört die Zuckertüte zum Schulanfang fest dazu. In anderen Ländern kennt man diesen Brauch nicht. Vielleicht liegt es daran, dass man den Kindern damit „den Ernst des Lebens" versüßen möchte.
So wird in Deutschland die Schulzeit auch genannt. Interessant ist daran, dass in anderen Ländern Europas von der Schulzeit nicht als „Ernst des Lebens" gesprochen wird. Ob dort die Schule mehr Spaß macht?
Der Schulbeginn wird in Spanien oder Frankreich eher als Beginn der Zeit gesehen, in der man „groß" wird. Natürlich gefällt allen Schülerinnen und Schülern in Deutschland ihre Schultüte.
Es gibt wohl kaum ein Kind, das kein Foto von sich mit der Schultüte hat. Häufig sind es auch nicht nur Süßigkeiten, die mit der Schultüte verschenkt werden, sondern nützliche Dinge für die Schulzeit: ein Bleistift, Buntstifte, ein Buch usw.
Früher lag oft ein Osterhase in der Schultüte.
Das lag daran, dass das Schuljahr damals im Frühjahr, also nach Ostern, begann.

1. Wie wird in Deutschland die Schulzeit auch genannt?

____

____

2. Wie nennt man die Schultüte noch?

____

____

3. Warum lag früher oft ein Osterhase in der Schultüte?

____

____

Schulsachen

- Kreise die Dinge ein, die in die Schultasche gehören.
- Besprich mit einem Partner, warum die anderen Dinge in der Schule nicht sinnvoll sind.

- Überlege mit einem Partner, ob Kinder überall in der Welt die eingekreisten Schulgegenstände zur Verfügung haben. Welches der Dinge ist vermutlich für alle Schulkinder am wichtigsten?

Klassenregeln

- Auf diesem Poster sind die Regeln aus der Schule heute und aus der Schule vor 100 Jahren durcheinandergeraten. Unterstreiche die Regeln von heute in rot. Unterstreiche die Regeln von vor 100 Jahren in blau.
- Diskutiert das Ergebnis in der Klasse.
- Welche Regeln gelten in deiner Klasse?

Klassenregeln

Jeder legt seine Hände gefaltet auf den Tisch.
Wir sind freundlich miteinander.
Wir helfen uns gegenseitig.
Jeder Schüler sitzt ordentlich an seinem Platz.
Wir melden uns, wenn wir etwas sagen wollen.
Wir hören zu, wenn jemand etwas sagt.
Sprechen, Lachen, Flüstern und Herumlaufen sind verboten.
Wenn der Lehrer in die Klasse kommt, stehen die Schüler auf.
Wenn es Streit gibt, wenden wir die Stopp-Regel an.
Alle Schulsachen und der Klassenraum müssen in Ordnung gehalten werden.
Wir sind im Klassenzimmer ruhig.
Das Aufzeigen geschieht mit dem Zeigefinger der rechten Hand.
Wir rennen nicht im Klassenzimmer.
Wir räumen am Ende des Unterrichts unseren Platz auf.
Die Schulsachen werden auf Kommando aus der Tasche geholt.

Schuluniform – ja oder nein?

- Welche Vorteile hat das Tragen einer Schuluniform? Welche Nachteile siehst du? Stelle mit einem Partner eine Liste auf.
- Entwirf eine Schuluniform und stelle sie vor.
- Finde heraus, in welchen Ländern Schuluniformen getragen werden.

Vorteile für eine Schuluniform	Nachteile für eine Schuluniform

Tag für Tag

Sicherlich kennst du die Wochentage alle beim Namen:

Wusstest du, dass erst seit 1978 auf Beschluss der UNO der Montag als erster Tag in der Woche festgelegt wurde?

An den internationalen Namen für die verschiedenen Wochentage kann man heute noch erkennen, dass ihre Bezeichnung ursprünglich auf die Planeten zurückgeht. Die Namen der Planeten waren bei den Griechen und Römern oftmals mit denen ihrer Götter identisch, weshalb die Germanen dann wiederum ihre Götter zur Übersetzung genommen haben. Nur beim Mittwoch und beim Samstag bzw. Sonnabend konnte sich nach der Christianisierung im Deutschen ein anderer Name durchsetzen.

Der 1. Tag: Sonne = Sonntag, engl.: Sunday
Der 2. Tag: Mond = Montag, engl.: Monday, span.: lunes
Der 3. Tag: Mars = span.: martes / Tyr = Dienstag
Der 4. Tag: Merkur = franz.: mercredi / Wotan = engl.: Wednesday
Der 5. Tag: Jupiter = span.: jueves / Donar (Thor) = Donnerstag, engl.: Thursday
Der 6. Tag: Venus = franz: vendredi / Frija = Freitag, engl.: Friday
Der 7. Tag: Saturn = engl.: Saturday

- Schreibe die Wochentage auf.
- Fülle die Tabelle aus.
- Kennst du die Wochentage in anderen Sprachen?

Deutsch	Montag	Dienstag	Mittwoch	Donnerstag	Freitag	Samstag	Sonntag
Englisch							Sunday
Spanisch				jueves			
Französisch			mercredi				

Mein Stundenplan

- Trage deinen Stundenplan ein.
- Schau dir den Stundenplan einer Schulklasse in England an.
  Kannst du die Fächer ins Deutsche übertragen?
- Welche Gemeinsamkeiten stellst du fest? Welche Unterschiede gibt es?

Zeit	MO	DI	MI	DO	FR

Time	9.00	9.30	10.15	10.30	11.20	12.10	1.10	2.10–3.15
Mon	Assembly	English	Break-time	Spanish	Maths	Lunch	P.E.	P.E.
Tue	Maths	Art		English	English		Swimming	Swimming
Wed	Assembly	Spanish		Maths	Music		English	Football
Thu	English	Science		Maths	P.E.		Arts	ICT
Fri	Assembly	Music		English	Maths		Science	Gymastics

P.E. = Physical Education

ICT = Information and Communication Technology

Rechnen mit Zeiteinheiten 1

1 Stunde (h) = 60 Minuten (min)
1 Minute (min) = 60 Sekunden (sek)

➊ Rechne die Aufgaben.

Wie viele Sekunden sind das?

2 min ____ 10 min ____
5 min ____ 15 min ____
7 min ____ 30 min ____

Wie viele Minuten sind das?

180 sek ____ 260 sek ____
360 sek ____ 750 sek ____
480 sek ____ 375 sek ____

Wie viele Stunden sind das?

120 min ____ 450 min ____
600 min ____ 645 min ____
240 min ____ 225 min ____

➋ Weißt du, wie man in einer anderen Sprache nach der Zeit fragt?

Rechnen mit Zeiteinheiten 2

1 Stunde (h) = 60 Minuten (min)
1 Minute (min) = 60 Sekunden (sek)

- Rechne die Aufgaben.

Jonas fährt Rennrad. Am Wochenende ist er viel unterwegs.
Am Freitag fährt er 2h 25min.
Am Samstag beginnt er seine Tour um 13.15 Uhr
und ist um 15.55 Uhr zurück.
Am Sonntag ist er 200 min und 50 sek unterwegs.
Wie viele Stunden dauert seine längste Tour?

Es gibt einige sehr bekannte Rennen mit dem Rennrad, z. B. die Tour de France in Frankreich.

- Kennst du noch andere berühmte Radrennen?
  Wo finden sie statt?

Die Weltzeituhr

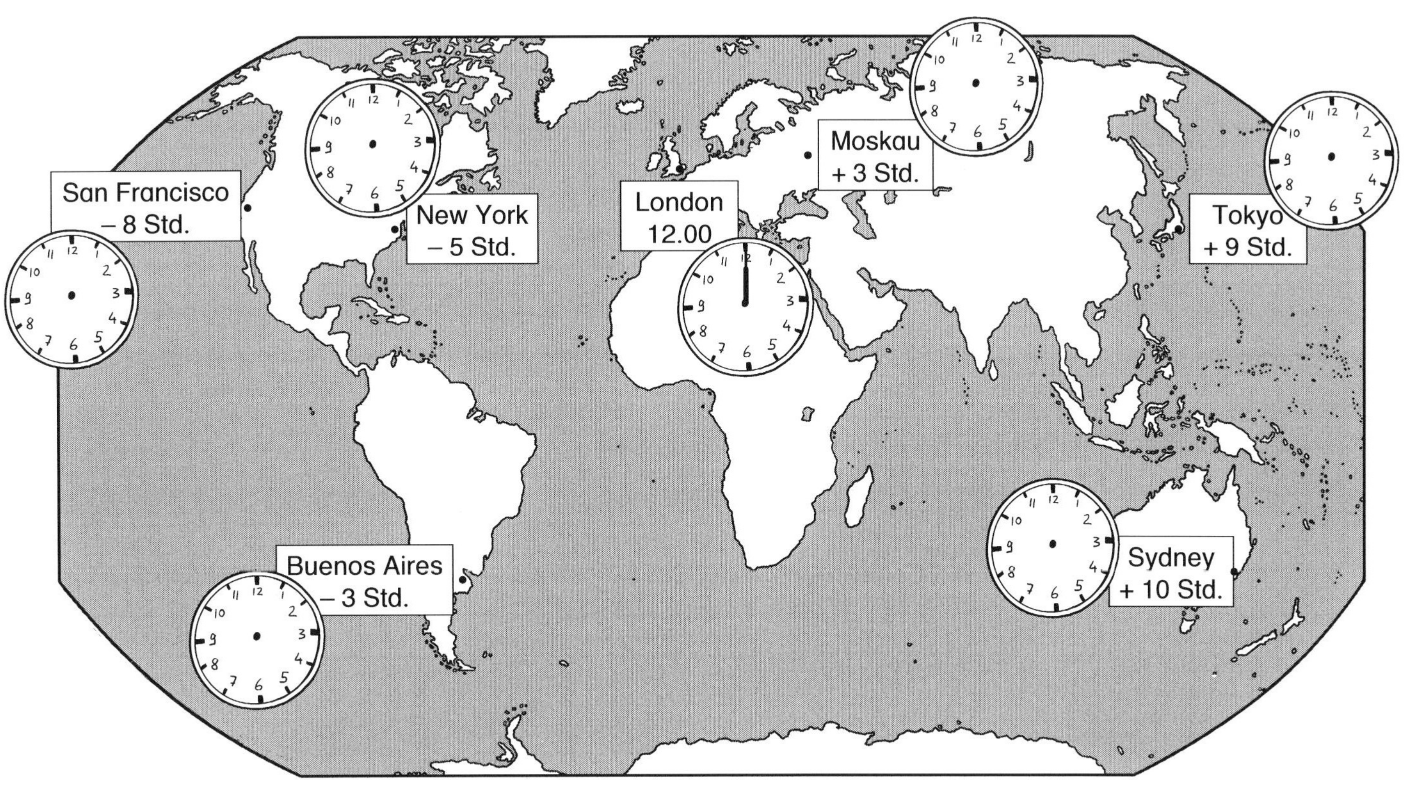

Hast du aus Deutschland schon einmal mittags um 12.00 Uhr in den USA angerufen? Dann wirst du festgestellt haben, dass dort eine ganz andere Uhrzeit war. Das liegt daran, dass die Erde in Zeitzonen aufgeteilt ist. Anhand der Karte kannst du feststellen, wie sich die Uhrzeit darin verschiebt. Wenn es z. B. in London 12.00 Uhr ist, dann ist es in Moskau bereits 15.00 Uhr oder in New York erst 7.00 Uhr.

- Trage die fehlenden Uhrzeiten in die Karte ein. Vergleiche mit einem Nachbarn.
- Findest du heraus, welche Uhrzeit es jeweils in Buenos Aires ist, wenn es …

… in San Francisco 14.30 Uhr ist? ______________________

… in Sydney 7.45 Uhr ist? ______________________

… in London 16.20 Uhr ist? ______________________

… in Moskau 3.30 Uhr ist? ______________________

… in New York 10.35 Uhr ist? ______________________

Was liest du?

Die Welt der Geschichten ist bunt und groß. Kinder haben die Möglichkeit, sich beim Lesen oder Zuhören in andere Welten zu versetzen. Diese können realitätsnah sein oder sehr fantasievoll.

Spannend ist, dass Geschichten überall in der Welt erzählt und gehört werden. Sie weisen tatsächlich auch viele Gemeinsamkeiten auf – bei vielen lokalen Unterschieden. In der Diskussion mit den Schülerinnen und Schülern ist es spannend zu sehen, wie sie über die Beschäftigung mit einem Märchen, einer Fabel oder einem Gedicht dazu angeregt werden, sich interkulturell mit dem Anderen zu beschäftigen. Über das Medium einer Geschichte kann ein Wir-Gefühl erzeugt werden, das interkulturell geprägt und ansonsten sehr viel schwieriger herzustellen ist.

Auch im Kontext von Geschichten ist es wünschenswert, wenn die Kinder ihre Eltern oder Großeltern in die Klasse einladen, um eine besondere Geschichte zu erzählen (siehe auch S. 18). Das ist vielfach nicht einfach zu realisieren, weil sich Erwachsene nur selten als „Geschichtenerzähler" sehen, aber erfahrungsgemäß nehmen alle Beteiligten so eine „Märchenstunde" als eine Bereicherung mit, insbesondere wenn in diesem Kontext auch über den Alltag in dem anderen Land gesprochen wird.

Märchen	Legende	Fabel	Gedicht	Allgemein
Märchen hier und anderswo	Till Eulenspiegel und seine Freunde	Fabeln international (Das Krokodil und der Affe)	WIR (Imela Bender)	Leseratte oder Lesemuffel?
Typisch Märchen	Der Klang des Geldes		Petra (Marianne Kreft)	Pippi Langstrumpf kennen alle
Das wertvolle Salz (Türkei)			Avenidas (Eugen Gomringer)	
Baba Jaga (Russland)			Seouler Straßenbild (Reiner Kunze)	
Sonne und Mond (China)				
Mr Vinegar (England)				

Leseratte oder Lesemuffel

Bist du eine Leseratte oder eher ein Lesemuffel?
Warum liest du gern? Warum liest du nicht gern?

- Fülle die Tabelle zunächst für dich aus.
- Frage dann noch mehr Kinder aus deiner Klasse.

Was wird am meisten gelesen?

	ich			
Kurze Geschichten				
Witze				
Comics				
Tiergeschichten				
Abenteuergeschichten				
Freundschafts-geschichten				
Mädchenbücher				
Fußballbücher				
Pferdebücher				
Krimis				
Fantasy				
Sachgeschichten, z. B. über Dinosaurier				
Zeitschriften, z. B. Bravo				
Kindermagazin, z. B. Geolino				
Zeitung				

- Hast du einen Lieblingsplatz zum Lesen? Wo ist der?

Till Eulenspiegel und Freunde

Kennst du Till Eulenspiegel? Er ist der Titelheld einer alten Geschichtensammlung und wurde aufgrund seiner Späße berühmt, die er sich mit seinen Mitmenschen erlaubt hat. Dabei wird Till Eulenspiegel häufig als dumm angesehen, obwohl er tatsächlich sehr schlau und witzig ist. Er macht sich einen Spaß daraus, das, was die Leute sagen, wörtlich zu nehmen – und dabei kommt es dann zu einigen Pannen. Wie würdest du reagieren, wenn du (als Bäcker) gefragt wirst, was du backen sollst, du das als eine „dumme Frage" ansiehst und im Spaß antwortest: „Wir backen Eulen." Wenn dann am nächsten Tag alle Brötchen wie kleine Eulen aussehen, findest du das vielleicht nicht so witzig. Aber genau das hat Till Eulenspiegel gemacht.

Till Eulenspiegel ist ein berühmter Narr in der deutschen Literatur. In anderen Ländern gibt es solche Narren ebenfalls. In der Türkei werden viele Geschichten von dem weisen Narren Nasreddin Hodscha erzählt. In Ostafrika gibt es diese Geschichten auch, hier heißt der Narr Abu Nuwa. In Sri Lanka erzählt man sich Geschichten von dem Hofnarren Andare. Alle Geschichten dienen dazu, den Menschen einen Spiegel vorzuhalten. Sie sollen zum Nachdenken über das eigene Verhalten anregen.

- Kennst du eine Geschichte von Till Eulenspiegel? Erzähle.
- Informiere dich im Internet oder in der Bücherei über Till Eulenspiegel oder einen anderen Narr. Berichte in der Klasse darüber.

Der Klang des Geldes (1)

- Arbeite mit einem Partner.
  Einer von euch liest die Geschichte „Der Klang des Geldes“, der andere „Wie Eulenspiegel den Wirt mit dem Klange des Geldes bezahlte“.
  Erzählt euch anschließend gegenseitig die Geschichten.
  Was fällt euch auf? Welche Gemeinsamkeiten gibt es, welche Unterschiede?
- Überlegt, warum solche Geschichten an verschiedenen Orten der Welt erzählt werden.

Nasreddin Hodscha kam an einer Gaststube vorbei.
Vor dem Haus stand ein Grill, auf dem sich ein Lammbraten drehte.
Genau in diesem Moment beobachtete Nasreddin,
wie der Wirt einen Bettler am Kragen packte,
ihn schüttelte und mit ihm schimpfte.
„Warum schimpfst du so?“, fragte Nasreddin den Wirt.
„Dieser Bettler hat ein Stück Brot so lange über meinen Grill gehalten,
bis es nach Lammfleisch roch, und es dann mit Genuss gegessen“,
schrie der Wirt. „Und jetzt will er nicht dafür bezahlen.“
„Stimmt das?“, fragte Nasreddin den Bettler.
„Ja. Aber ich habe das Fleisch dabei nicht berührt“,
verteidigte sich der Bettler.
„Ich wollte nur den Geruch einfangen.“
„Hast du Geld dabei?“, fragte Nasreddin.
Der Bettler zögerte. „Ich habe nur ein paar Münzen.
Die habe ich mir vorhin erbettelt“, antwortete er.
„Dann gib sie her“, befahl Nasreddin.
Zögernd reichte ihm der Bettler die Münzen.
Nasreddin warf die Münzen vor dem Wirt auf den Holztisch.
Aber bevor der Wirt danach greifen konnte, hatte Nasreddin die Münzen
schon wieder eingesammelt und gab sie dem Bettler zurück.
„Was soll das?“, schimpfte der Wirt. „Wieso nimmst du mir das Geld
wieder weg?“ „Hast du den Klang der Münzen gehört?“, fragte Nasreddin.
„Natürlich habe ich ihn gehört“, antwortete der Wirt. „Ich bin ja nicht taub.“
„Dieser Bettler hat dir den Geruch deines Essens mit dem Klang seines
Geldes bezahlt. Ihr seid quitt!“, sagte Nasreddin.
Er ließ den verdutzten Wirt stehen und ging mit dem Bettler davon.

Der Klang des Geldes (2)

Wie Eulenspiegel den Wirt mit dem Klange des Geldes bezahlte

Lange Zeit blieb Eulenspiegel in Köln in der Herberge.
Einmal begab es sich, dass man das Essen so spät auf den Herd aufsetzte, dass es nicht rechtzeitig zur Mittagszeit fertig war.
Eulenspiegel verdross es sehr, dass er so lange hungern sollte.
Der Wirt sah es Eulenspiegel an, dass der sich ärgerte.
Deshalb sagte er zu ihm: „Wenn du nicht warten kannst, musst du halt essen, was du hast." Eulenspiegel ging daraufhin an einen Tisch in der Ecke und aß eine trockene Semmel auf.
Dann ging er zurück in die Küche, setzte sich an den Herd und beträufelte den Braten, bis er gar war.

Als das Essen fertig war, wurde der Tisch gedeckt und das Essen wurde gebracht.
Der Wirt setzte sich zu den Gästen, aber Eulenspiegel blieb in der Küche am Herd.
Der Wirt rief ihn: „Eulenspiegel, willst du nicht mit am Tisch sitzen?"
„Nein", antwortete Eulenspiegel, „ich mag nichts mehr essen. Ich bin durch den Geruch des Bratens satt geworden."
Der Wirt sagte nichts mehr und aß mit den Gästen.
Nach dem Essen bezahlte jeder Gast seine Rechnung und viele gingen nach Hause.
Eulenspiegel saß weiter am Herd.

Nach einer Weile kam der Wirt zu Eulenspiegel. Er war zornig, weil Eulenspiegel nicht zu ihm gekommen war, um zwei kölnische Pfennige für das Essen zu bezahlen.
Eulenspiegel sagte: „Herr Wirt, warum wollt Ihr Geld von mir nehmen, wenn ich doch Euren Braten nicht gegessen habe?"
Der Wirt wurde sehr böse. Er schimpfte: „Natürlich musst du mir das Geld geben! Auch wenn du nichts gegessen hast, so bist du doch von dem Geruch satt geworden. Du hast die ganze Zeit beim Braten gesessen, das ist so viel, als wenn du mit am Tisch gesessen und mitgegessen hättest."

Da zog Eulenspiegel einen kölnischen Pfennig hervor, warf ihn auf den Tisch und sagte:
„Herr Wirt, hört Ihr diesen Klang?"
Der Wirt antwortete: „Natürlich höre ich diesen Klang!"
Schnell nahm Eulenspiegel den Pfennig wieder an sich und steckte ihn zurück in seinen Geldbeutel. Dann sagte er: „Soviel Euch der Klang des Pfennigs hilft, soviel hilft mir der Geruch des Bratens in meinem Bauch."
Der Wirt wurde zornig, denn er wollte das Geld unbedingt haben. Aber Eulenspiegel wollte es ihm nicht geben. Er schlug vor, den Richter entscheiden lassen. Daraufhin gab der Wirt auf – er wollte nicht vor das Gericht. Außerdem hatte er Sorge, dass Eulenspiegel sich einen neuen Streich für ihn ausdenken würde. So ließ er Eulenspiegel gehen, ohne dass er etwas bezahlen musste.

Eulenspiegel zog von dannen, wanderte fort vom Rhein und zog wieder in das Land Sachsen.

Märchen – hier und anderswo

Wichtig: Falte das Papier an der gestrichelten Linie nach hinten um, bevor du mit den Arbeitsaufträgen beginnst!

Überlege mit einem Partner. Schreibt eure Antworten auf.

Was ist typisch an einem Märchen?

___

___

Welche Märchen kennt ihr?

___

___

Woher kommen die Märchen, die ihr kennt?

___

___

Lest euch die Merkmale von Märchen durch.

Was habt ihr gewusst? Was ist neu?

___

___

Märchen gibt es überall auf der Welt. Das Besondere an Märchen ist, dass sie überall nach einem ähnlichen Muster aufgebaut sind. Hier sind einige Merkmale, die du in Märchen immer wieder finden kannst – egal, aus welchem Land sie stammen:

- Märchen fangen sehr oft mit einem bestimmten Satz an.
  Es war einmal … *Vor langer Zeit …* *Ein König und …*
- Märchenfiguren haben meist einen bestimmten Charakter. Sie sind arm, dumm und faul oder gut, tapfer und fleißig oder klein und hässlich oder schön und gut …
- In Märchen muss die Hauptfigur oft einen langen Weg zurücklegen.
- In Märchen muss die Hauptfigur oft eine schwierige Aufgabe lösen.
- In Märchen hat die Hauptfigur oft einen Gegner, der böse ist.
- In Märchen gibt es häufig verzauberte Gegenstände, die für die Hauptfigur nützlich sind.
- In Märchen spielt die Zahl Drei häufig eine wichtige Rolle.
- In Märchen spielen häufig Zaubersprüche eine Rolle.
- Märchen hören oft mit einem bestimmten Satz auf.
  Und wenn sie nicht gestorben sind, dann …
  … und sie lebten vergnügt bis an ihr Lebensende.
  So bekam das arme Mädchen …

Typisch Märchen

das Märchen fängt mit einem bestimmten Satz an

ein langer Weg muss zurückgelegt werden

es muss eine schwierige Aufgabe gelöst werden

es gibt einen bösen Gegner

verzauberte Gegenstände helfen

die Zahl Drei (oder Sieben) spielt eine Rolle

Zaubersprüche werden gesagt

das Märchen endet mit einem formelhaften Schlusssatz

Das wertvolle Salz (Türkisches Märchen)

- Lies dir den Märchentext durch.
  Notiere mit Beispielen aus dem Text, welche der Merkmale du im Text wiederfindest (siehe Arbeitsblatt S. 50).

Es war einmal vor langer Zeit, als das Sieb im Stroh war,
als die Flöhe Berber waren, als die Kamele Makler waren,
als ich in der Wiege meiner Mutter schaukelte,
ein Sultan mit seinen drei Töchtern.
Eines Tages rief der Sultan seine drei Töchter zu sich und fragte sie: „Wie sehr liebt ihr mich?" Die älteste Tochter antwortete: „Ich liebe dich so sehr wie die Welt." Die zweite Tochter sagte: „Ich liebe dich so sehr wie meine Arme." Die jüngste Tochter antwortete: „Ich liebe dich so sehr wie Salz."
Der Sultan freute sich über die Antworten der ersten und zweiten Tochter, die Antwort der dritten Tochter aber machte ihn wütend. Er war so zornig, dass er sie dem Henker übergab. Er sollte die jüngste Tochter töten.
Der Henker brachte das Mädchen in den Wald, um es dort zu töten. Aber das Mädchen flehte den Henker an: „Bitte, guter Mann, töte mich nicht! Hab ein Herz. Du hast doch sicherlich auch ein Kind."
Der Henker hatte Mitleid mit dem Mädchen und brachte es nicht übers Herz, es zu töten. Stattdessen tötete er ein Tier, beschmierte das Hemd des Mädchens mit dem Tierblut und brachte es dem Sultan.

Das junge Mädchen lief allein durch den Wald und nach einiger Zeit erreichte es ein Dorf. Dort blieb es und wurde Dienerin eines reichen Dorfbewohners. Es wuchs heran und wurde ein sehr schönes Mädchen. Es war so schön, dass sehr viele von ihrer Schönheit sprachen. Auch der Sohn eines anderen Sultans hörte von ihrer Schönheit und das Schicksal wollte es, dass sie die Frau dieses Sultansohns wurde.

Nach langer Zeit erzählte die schöne Frau ihrem Mann, was sie alles erlebt hatte. Sie schlug ihm vor, ihre Familie zum Essen einzuladen. Der Mann stimmte zu und es wurde alles für ein Festmahl vorbereitet.

An dem verabredeten Tag kam der Vater mit seiner Gefolgschaft zu dem jungen Paar. Als alle am Tisch saßen, wurden die Speisen nach und nach aufgetragen. Aber das Mädchen hatte dem Koch befohlen, alle Speisen ohne Salz zuzubereiten. Welche Speisen der Vater auch probierte, sie waren alle salzlos. Der Vater konnte keine von ihnen essen.

Da sprang das Mädchen vom Tisch auf und sagte: „Mein Sultan, ich habe gehört, dass Sie ihre jüngste Tochter hinrichten ließen, weil sie Ihnen sagte, dass sie Sie so sehr wie Salz liebe." Ohne dem Sultan eine Gelegenheit zur Antwort zu geben, fuhr es fort: „Ich bin dieses kleine Mädchen. Und ich habe sämtliche Speisen ohne Salz zubereiten lassen, damit Sie meinen Wert verstehen."

Der Sultan schämte sich für seine Tat und umarmte seine Tochter. Nun verstand er den Wert des Salzes und sie lebten von nun an in Frieden gemeinsam bis zum Tode. Wir jedoch verschwinden von dieser Bretterbühne.

Baba Jaga (Russisches Märchen)

- Lies dir den Märchentext durch.
  Notiere mit Beispielen aus dem Text, welche der Merkmale du im Text wiederfindest (siehe Arbeitsblatt S. 50).

Es waren einmal ein Mann und seine Frau, die hatten eine Tochter. Sie lebten glücklich miteinander, doch eines Tages wurde die Frau schwer krank und starb. Lange Zeit war der Mann sehr traurig, aber einige Jahre später heiratete er wieder. Aber seine neue Frau war böse. Von Anfang an hasste sie die Tochter ihres Mannes, schimpfte sie und manchmal schlug sie sie sogar. Sie plante aber noch Böseres: Als der Mann länger verreisen musste, plante sie, das Mädchen zu Tode kommen zu lassen. Sie rief das Mädchen deshalb zu sich und sagte: „Geh zu meiner Schwester. Lass dir von ihr Nadel und Faden geben, damit ich dir ein neues Kleid nähen kann.“

Ihre Schwester aber war Baba Jaga, eine böse Hexe. Das Mädchen hatte Angst vor ihrer Stiefmutter und traute sich nicht, zu widersprechen. Voller Angst ging sie aus dem Haus. Auf dem Weg zu Baba Jaga kam sie beim Haus ihrer Tante, der Schwester ihres Vaters, vorbei. Die stand in ihrem Garten und schaute sie freundlich an. „Sei gegrüßt, liebste Tante,“ sagte das Mädchen. „Hallo Mädchen,“ grüßte die Tante und fragte weiter, „wohin gehst du denn so betrübt?“ Da antwortete das Mädchen traurig: „Meine Stiefmutter hat mich zu ihrer Schwester geschickt, um Nadel und Faden zu holen. Du weißt doch, ihre Schwester ist die böse Hexe Baba Jaga.“ Die Tante hatte eine gute Idee. „Da hast du gut getan, dass du vorher bei mir vorbeigekommen bist,“ sagte sie. „Warte hier.“ Sie ging ins Haus und kam mit einem Band, einem Brot, einem Krug Öl und einem Stück Fleisch zurück. „Nimm diese Sachen. Dich wird eine Birke mit ihren Ästen schlagen, um dich beim Gehen zu stören. Mit dem Band binde die Äste zusammen. Ein Tor wird quietschen und dich nicht durchlassen, öle die Türangel. Hunde werden dich beißen wollen, gib ihnen vorher das Brot. Und eine Katze wird dich kratzen wollen, gib ihr vor ihrer Tat das Fleisch.“

Das Mädchen ging in den Wald und kam an eine Hütte, die auf riesigen Beinen stand, die wie die von einem Huhn aussahen. In der Hütte saß Baba Jaga mit ihren knochigen Beinen und webte. Die Tür stand offen und das Mädchen trat ein.
„Seid gegrüßt, Baba Jaga,“ sagte sie freundlich zur Baba Jaga. Diese antwortete mürrisch: „Was willst du, Mädchen?“ „Meine Stiefmutter, deine Schwester, schickt mich. Ich soll bei dir für sie Nadel und Faden holen, damit sie mir ein Kleid nähen kann,“ sagte das Mädchen leise. Baba Jaga lächelte einen kurzen Moment. Dann antwortete sie: „Du wirst beides erhalten. Aber während ich die Sachen hole, musst du hier weiter für mich weben.“
Da setzte sich das Mädchen und webte. Baba Jaga ging in den Nachbarraum der Hütte, wo sich ihre Magd befand, und befahl ihr: „Ich gehe jetzt ins Bett. Heize den Ofen und wasche das Mädchen, das im anderen Zimmer für mich webt. Wenn ich aufwache, will ich es braten und essen.“ Da Baba Jaga die Tür nicht richtig geschlossen hatte, hörte das Mädchen alles, was gesagt wurde. Es bekam furchtbare Angst.

Als Baba Jaga im Bett war, ging sie zur Magd und bat sie: „Bitte, hab Erbarmen mit mir! Mach kein Feuer im Ofen!“ Sie reichte der Magd ihr kostbares Tuch, das sie einst von ihrer

Mutter bekommen hatte, und schaute sie flehend an. Die Magd nahm das Tuch. Da erwachte Baba Jaga. Eilig lief das Mädchen zurück zum Webstuhl und begann, fleißig zu weben. Da fragte die Hexe durch die geschlossene Türe: „Webst du auch schön, Mädchen?“ „Ich webe noch,“ antwortete das Mädchen laut.

Ein Kater lief durch die Stube, in der das Mädchen webte. Leise sprach das Mädchen ihn an. „Katerchen, weißt du, wie man von hier fliehen kann?“ Sie erinnerte sich an die Worte ihrer Tante und gab ihm das Stück Fleisch, das sie von ihr bekommen hatte. Der Kater aß es und antwortete ihr: „Hör zu. Auf dem Tisch dort liegen ein Handtuch und ein Kamm. Nimm beides und lauf, so schnell du kannst. Baba Jaga wird schnell merken, wenn du aus ihrer Hütte läufst und dich verfolgen. Sie kann rennen wie der Wind. Bevor sie dich einholt, wirf den Kamm hinter dich. Sofort wird dort, wo er den Boden berührt, ein dichter Wald wachsen. Solange sich Baba Jaga durch den Wald kämpfen muss, renne weiter. Bevor sie dich einholt, wirf das Handtuch hinter dich. Sofort wird dort, wo es den Boden berührt, ein Fluss entstehen.“ „Ich danke Dir vielmals, Katerchen,“ sprach das Mädchen. Sie nahm den Kamm und das Handtuch und rannte aus der Hütte.

Da kamen um die Hütte zwei Hunde gerannt und wollten sie beißen und in Stücke reißen. Das Mädchen warf ihnen das Brot zu. Sie schnappten danach und ließen sie in Ruhe. Sie rannte weiter und kam an ein Tor. Quietschend sprang es auf und zu und war nie lange genug offen, dass jemand hindurchlaufen konnte. Das Mädchen goss ihr Öl auf die Torangeln. Da blieb es offen stehen und ließ sie durch. Kurz darauf kam sie zu einer Birke. Die wollte sie mit ihren Ästen schlagen. Doch das Mädchen band die Äste mit dem Band zurück. Und so ließ auch die Birke sie weiterlaufen.

Inzwischen hatte sich der Kater an den Webstuhl gesetzt und die Arbeit des Mädchens fortgeführt. Zumindest tat er so, als ob er weben würde, und klapperte fleißig mit dem Webstuhl. Da erwachte Baba Jaga erneut und fragte: „Webst du auch schön, Mädchen?“ „Ich webe noch,“ antwortete der Kater. Doch die Hexe merkte an der Stimme, dass etwas nicht stimmte, und stürzte ins Zimmer. Da sah sie, dass nun der Kater und nicht mehr das Mädchen am Webstuhl saß. Da schimpfte Baba Jaga den Kater: „Du Betrüger! Du Verräter! Warum hilfst du dem Mädchen? Warum hast du sie nicht aufgehalten? Warum hast du ihr das Gesicht nicht zerkratzt?“ Da sprach der Kater: „Ich diene dir schon viele Jahre, doch niemals erhielt ich von dir auch nur einen Knochen! Aber das Mädchen hat mir heute sofort ein gutes Stück Fleisch geschenkt!“

Da öffnete Baba Jaga die Tür, rannte hinaus und sah ihre beiden Hunde das Brot essen. Wütend sagte sie zu ihnen: „Warum habt ihr das Mädchen nicht in Stücke gerissen? Warum habt ihr sie laufen lassen?“ Da antworteten die Hunde: „Wir stehen schon viele Jahre in deinen Diensten, doch niemals erhielten wir von dir auch nur eine alte Brotrinde! Aber das Mädchen hat uns heute sofort ein ganzes frisches Brot geschenkt!“

Schnell lief Baba Jaga zum Tor und rief ihm zu: „Warum bliebst du nicht geschlossen? Warum hast du das Mädchen durchgelassen?“ Da seufzte das Tor: „Ich bin dir schon viele Jahre zu Diensten und quietschte bereits jämmerlich. Doch niemals hast du auch nur Wasser auf meine Angeln gegossen. Das Mädchen hat mich heute mit Öl geschmiert!“

Nun rannte Baba Jaga durch das Tor und kam an der Birke vorbei. Sie sprach zu ihr: „Warum hast du das Mädchen mit deinen Ästen nicht aufgehalten? Warum hast du ihr nicht in die Augen gestochen?“ Die Birke antwortete: „Ich diene dir schon viele Jahre. Du hast mich nicht einmal mit einem Faden zusammengebunden. Das Mädchen hat mir heute ein schönes Band geschenkt!“

Da sah Baba Jaga die Magd und schimpfte sie: „Du dummes Ding! Warum hast du sie nicht aufgehalten?“ Die Magd antwortete: „So viele Jahre diene ich dir. Doch nie warst du freundlich zu mir. Das Mädchen aber hat mir heute ein feines Tuch geschenkt und war sehr höflich und nett.“

Baba Jaga war außer sich vor Wut. Schnell sprang sie in ihren großen Zauberbottich, der dicht über den Boden fliegen konnte, und nahm die Verfolgung des Mädchens auf. Mit einem Stößel beschleunigte sie, mit einem Besen verwischte sie ihre Spur und die Erde bebte überall, wo sie vorbeikam.

Das Mädchen rannte so schnell es konnte. Bald spürte es, wie die Erde zitterte und Baba Jaga in ihrem fliegenden Bottich näher kam. Da nahm sie den Kamm, den sie aus dem Hexenhaus mitgenommen hatte, und warf ihn hinter sich auf den Boden. Dort wuchs augenblicklich ein dichter und hoher Wald. Dort hindurch kam Baba Jaga mit ihrem Zauberbottich nicht. Die böse Hexe biss in die dicken Zweige und knickte sie um. Aber auch wenn das dauerte, nahm sie die Verfolgung des Mädchens nach einer Weile wieder auf. Das Mädchen spürte kurz darauf wieder das Zittern des Bodens hinter sich. Erneut kam die Hexe näher und näher. Da warf es das Handtuch, das es aus dem Hexenhaus mitgenommen hatte, hinter sich auf den Boden. Sofort entstand dort ein breiter Fluss. Schon einen Moment später kam Baba Jaga ans Ufer, ärgerte sich und knirschte mit ihren Zähnen. Über das Wasser konnte sie mit ihrem Zauberbottich nicht hinüber. Sie ging fort, kehrte mit einer Herde Rinder zurück und befahl ihnen, den Fluss leer zu trinken. Sie tranken und tranken, doch das Wasser wurde nicht weniger. Da legte sich die Hexe selbst mit ans Ufer und begann zu trinken. Sie trank und trank und trank, wurde dicker und dicker – und platzte.

Spät am Abend kehrte der Vater des Mädchens von seiner Reise zurück und fragte seine Frau: „Wo ist meine Tochter?“ Seine Frau antwortete scheinheilig: „Sie ist zu ihrer Tante gegangen, Nadel und Faden zu holen. Sie ist wohl irgendwo aufgehalten worden.“ Der Vater machte sich Sorgen, da seine Tochter sonst nie so lange ausblieb, und wollte sie schon suchen gehen. Da ging die Tür auf und das Mädchen kam herein. „Wo bist du gewesen?“, fragte sie der Vater. „Oh Vater. Die Stiefmutter hat mich zu ihrer Schwester geschickt. Ihre Schwester aber ist die böse Hexe Baba Jaga! Wäre ich ihr nicht entkommen, hätte sie mich mit Haut und Haaren gefressen!“ Da nahm der Vater den Besen und jagte seine böse Frau aus dem Haus. Seitdem lebte er alleine mit seiner Tochter glücklich und in Wohlstand zusammen und damit ist das Märchen vorbei.

Sonne und Mond (Chinesisches Märchen)

- Lies dir den Märchentext durch.
  Notiere mit Beispielen aus dem Text, welche der Merkmale du im Text wiederfindest (siehe Arbeitsblatt S. 50).

Vor langer, langer Zeit, als es auf der Erde noch keine Tiere und keine Menschen gab, wollte die Sonne den Mond heiraten. Deshalb schickte die Sonne einen Boten aus. Er sollte einen Brief zum Mond bringen.

Als der Bote nach einer langen Reise beim Mond ankam, gab er ihm den Brief.
Der Mond öffnete ihn und las.
Dann lachte er laut und rief: „Die Sonne schreibt, dass sie mich heiraten möchte.
So etwas Komisches habe ich in meinem ganzen Leben noch nicht gehört.
Als ob ich sie heiraten würde! Ich mag sie doch gar nicht!“
Aber der Mond wollte die Sonne nicht kränken.
Deshalb bat er den Boten: „Sag der Sonne, dass ich mir die Sache durch den Kopf gehen lassen werde!“

Der Bote lief zur Sonne zurück und überbrachte die Nachricht.

Nach einer gewissen Zeit schickte die Sonne den Boten noch einmal zum Mond.
„Ich warte auf eine Antwort“, stand diesmal in dem Brief.
„Wann werden wir endlich heiraten?“
Da überlegte sich der Mond eine List.
„Sag der Sonne, dass ich sie heiraten werde, wenn sie eine Bedingung erfüllt.
Kann sie es nicht, werde ich sie nicht heiraten“, sagte er dem Boten und schickte ihn auf den Weg.

Der Bote lief zur Sonne zurück und erzählte ihr, was der Mond gesagt hatte. Aber er hatte kaum Zeit zum Ausruhen. Die Sonne schickte ihn sofort wieder zum Mond zurück. „Die Sonne schickt mich!“, keuchte der Bote atemlos, als er beim Mond angekommen war. „Sie möchte deine Bedingung hören.“ Der Mond erwiderte: „Sag der Sonne, dass ich sie nur dann heiraten werde, wenn sie mich selber holt.“

Als der Bote der Sonne diese Nachricht überbrachte, lachte sie und meinte: „Wenn's weiter nichts ist! Das werde ich wohl schaffen!“ Und sie machte sich auf den Weg. Aber als die Sonne im Osten ankam, war der Mond noch im Westen. Und als die Sonne im Westen ankam, war der Mond noch ganz weit von ihr entfernt im Osten. So sehr die Sonne sich auch anstrengte: Es gelang ihr nicht, den Mond einzuholen. Und so rennt sie bis zum heutigen Tag immer noch hinter dem Mond her.

Mr Vinegar (Englisches Märchen)

- Lies dir den Märchentext durch.
  Notiere mit Beispielen aus dem Text, welche der Merkmale du im Text wiederfindest (siehe Arbeitsblatt S. 50).

Mr und Mrs Vinegar lebten in einer Essigflasche. Eines Tages – Mr Vinegar war gerade im Garten – geschah das Unglück. Beim Putzen stieß Mrs Vinegar mit dem Besenstiel gegen die Flaschenwand und KLIRR! – die Essigflasche zerbrach in tausend Stücke. Mrs Vinegar brach in Tränen aus. „Du liebe Güte!“, jammerte sie, „ich habe unser Zuhause zerbrochen. Was machen wir jetzt bloß?“

Mr Vinegar sah den Unfall gelassener. „Mach dir keine Sorgen“, beruhigte er seine Frau. „Wir werden etwas Neues finden. Am besten nehmen wir die Tür mit. Dann kann hier keiner herein.“

Die beiden machten sich auf den Weg. Nach einer langen Wanderung kamen sie am Abend in einen Wald. Wo sollten sie hier schlafen?
Mr Vinegar hatte eine Idee. Er nahm die Tür und legte sie so in eine Baumkrone, dass seine Frau und er sie wie ein Bett nutzen konnten. Gesagt, getan – und schon bald schliefen die beiden.
Mitten in der Nacht aber wachte Mr Vinegar auf.
Er hatte Stimmen gehört. Und tatsächlich wollte es der Zufall, dass eine Gruppe Räuber unter dem Baum, in dem seine Frau und er auf der Tür schliefen, Rast machte. Die Räuber stritten heftig. Offensichtlich konnten sie sich nicht über die Verteilung der Beute einigen und es kam zu einer Schlägerei. Ängstlich verfolgte Mr Vinegar den Streit. Er zitterte am ganzen Körper – so sehr, dass er die Tür zum Wackeln brachte. Es dauerte nicht lange und sie fiel zu Boden, mitten auf die Räuber. Die rannten schreiend davon.
Seine Frau hatte einen festen Schlaf und bemerkte nichts. Mr Vinegar selbst hatte sich an einem Ast festgehalten und blieb ängstlich in der Baumkrone sitzen.

Als Mrs Vinegar am nächsten Morgen auf der Tür am Boden liegend erwachte, wunderte sie sich zwar ein bisschen. Aber sehr schnell entdeckte das Ehepaar, dass unter der Tür etwas von dem Gold liegen geblieben war, das die Räuber gestohlen hatten. Die beiden waren überglücklich.
„Lauf schnell zum Markt,“ rief Mrs Vinegar ihrem Mann zu. „Kauf eine Kuh. Dann kann ich Butter und Käse machen, du kannst es auf dem Markt verkaufen und wir haben ein schönes Leben.“ Gesagt, getan – Mr Vinegar ging zum Markt.

Auf dem Markt entdeckte Mr Vinegar schon bald eine sehr schöne rotbunte Kuh.
„Das ist eine tolle Kuh,“ dachte er und ging auf den Besitzer zu.
„Was willst du für deine Kuh haben?“, fragte er ihn. Der Besitzer war schlau.
„Wie viel Geld hast du denn?“, wollte er von Mr Vinegar wissen. Mr Vinegar war gutgläubig und zeigte dem Kuhbesitzer sein Gold. „Das ist alles, was ich habe,“ antwortete er dem

Mann. „Dann nehme ich alles," lachte der Kuhbesitzer, gab Mr Vinegar die Kuh und ging mit dem Gold davon.

Zufrieden machte sich Mr Vinegar zurück in den Wald zu seiner Frau.
Auf dem Weg ging er an einem Dudelsackspieler vorbei. Viele Kinder standen um ihn herum und tanzten zur Musik. Immer wieder warf eines von ihnen eine Münze in den Hut, den der Mann aufgestellt hatte.
Mr Vinegar seufzte. „Wenn ich doch nur diesen Dudelsack hätte," dachte er, „dann wäre ich der glücklichste Mann auf Erden."
Nach einer Weile fasste er sich ein Herz und fragte den Dudelsackspieler, ob er den Dudelsack gegen die rotbunte Kuh eintauschen wolle. Der Dudelsackspiel war hocherfreut über diesen Tausch. Gesagt, getan – jetzt besaß Mr Vinegar anstelle der Kuh einen Dudelsack.

Mr Vinegar hatte allerdings nicht bedacht, dass er gar nicht auf dem Dudelsack spielen konnte. Und so liefen die Kinder schnell davon, als er mit dem Spielen begann, und keiner warf eine Münze in den Hut. Außerdem wurden seine Finger vom Spielen kalt. Da kam ein Mann vorbei, der wunderbare Handschuhe trug. Mr Vinegar seufzte. „Wenn ich doch nur diese Handschuhe hätte," dachte er, „dann wäre ich der glücklichste Mann auf Erden." Wieder fasste er sich ein Herz und fragte den Mann, ob er die Handschuhe gegen den Dudelsack eintauschen wolle. Der Mann war hocherfreut über diesen Tausch. Und nach kürzester Zeit besaß Mr Vinegar anstelle des Dudelsacks ein paar warme Handschuhe.

Der Weg zurück zu seiner Frau war weit und Mr Vinegar wurde allmählich müde. Da sah er auf dem Weg einen Wanderer, der einen Stock als Gehhilfe benutzte. Mr Vinegar seufzte. „Wenn ich doch nur diesen Stock hätte," dachte er, „dann wäre ich der glücklichste Mann auf Erden."
Er ging auf den Wanderer zu und fragte ihn, ob er den Stock gegen die warmen Handschuhe eintauschen wolle. Der Wanderer willigte freudig in diesen Tausch ein. Somit besaß Mr Vinegar jetzt anstelle der Handschuhe einen Stock.

Als er endlich im Wald ankam, sprach ihn ein Papagei an.
„Mr Vinegar, was sind Sie doch für ein Narr. Sie haben all ihr Gold für eine Kuh gegeben. Damit waren Sie nicht glücklich und tauschten die Kuh gegen einen Dudelsack, auf dem Sie nicht spielen konnten – und der nicht die Hälfte der Kuh wert war.
Dann tauschten sie den Dudelsack gegen Handschuhe – die nicht die Hälfte des Dudelsacks wert waren. Und am Ende tauschten sie die Handschuhe gegen einen Stock – den sie umsonst auch hier im Wald hätten haben können. Was sind Sie für ein Dummkopf!"

Da wurde Mr Vinegar sehr wütend. Zornig warf er den Stock nach dem Papapgei. Der aber flog lachend davon. Mr Vinegar aber kehrte zu seiner Frau zurück – ohne Gold, ohne Kuh, ohne Dudelsack, ohne Handschuhe und ohne Stock.

Ⓓ Dieses Märchen hat einige Ähnlichkeiten mit dem deutschen Märchen von „Hans im Glück". Informiere dich über dieses Märchen und vergleiche die beiden Märchentexte.

Fabeln international

Früher war es oft gefährlich, die eigene Meinung zu äußern. In einigen Ländern ist dies auch heute noch so. Deshalb kam man auf die Idee, seine Gedanken mit Hilfe einer Fabel zu erzählen. Fabeln gibt es überall auf der Welt. In Indien heißt diese Erzählform zum Beispiel Panchatantra.

Das Besondere an dieser Erzählart ist, dass sich Tiere wie Menschen verhalten und auch wie Menschen reden können. Es sind aber keine Tiergeschichten, sondern der Erzähler will damit über ein dummes oder falsches Verhalten von Menschen berichten. Dies wird auch daran deutlich, dass viele Fabeln mit einem Lehrsatz, der Moral, enden. Darin wird die Lehre noch einmal deutlich ausgesprochen, die durch die Fabel vermittelt werden soll.

- Welche Fabeln kennst du? Erzähle.
- Lies die Fabel vom Krokodil und dem Affen. Begründe, warum es sich um eine Fabel handelt.

Das Krokodil und der Affe

Auf einem Baum am Flussufer lebte ein kleiner Affe. Der Baum trug immer Früchte und der Affe war sehr zufrieden. Im Fluss lebte ein Krokodil mit seiner Frau. Im Fluss gab es nicht genug Fische und deshalb waren die Krokodile nicht so glücklich.
Eines Tages fragte das Krokodil den Affen, wo es etwas zu fressen finden könne. Der Affe ließ es von seinen Früchten probieren und auch wenn Krokodile normalerweise keine Früchte fressen, war das Krokodil glücklich, überhaupt etwas in den Magen zu bekommen.
So entwickelte sich über die Zeit eine große Freundschaft zwischen dem Affen und dem Krokodil. Jeden Tag gab der Affe dem Krokodil von seinen Früchten, und die beiden redeten und lachten viel. Die Frau des Krokodils aber wollte keine Früchte essen, und weil sie auch keine Fische mehr im Fluss fand, sagte sie zu ihrem Mann: „Ich habe Hunger. Ich werde den Affen fressen. Bring ihn mir."
Das Krokodil war verzweifelt. Es liebte seine Frau und wollte ihr etwas Gutes tun. Aber es liebte auch seinen Freund, den Affen. Schließlich lud er den Affen ein.
„Meine Frau hat gekocht und möchte dich zum Essen einladen. Steig auf meinen Rücken und komm mit." Der Affe freute sich sehr über die Einladung und sprang auf den Rücken des Krokodils. Mitten auf dem Fluss verriet das Krokodil dem Affen aber die Wahrheit. „Weißt du," sagte das Krokodil, „meine Frau will dein Herz essen. Deshalb soll ich dich mitbringen." Der Affe aber war sehr klug. Schnell sagte er: „Warum hast du mir das nicht früher gesagt? Du musst wissen, dass ich mein Herz auf dem Baum zurückgelassen habe. Jetzt musst du mich zurück zu meinem Baum bringen, sodass ich mein Herz abholen kann."
Das Krokodil ahnte nichts und schwamm mit dem Affen zum Baum zurück. Der aber sprang schnell vom Rücken des Krokodils herunter und auf den Baum. Von dort schimpfte er: „Du bist dumm. Mein Herz kann gar nicht hier auf dem Baum sein. Aber du hast mir mein Herz gebrochen, weil du unsere Freundschaft verraten hast. Ich will dich nie mehr sehen und ich gebe dir auch nie mehr von meinen Früchten. Geh weg und komm niemals wieder!"
Das dumme Krokodil hatte alles verloren.

Pippi Langstrumpf kennen alle

Es gibt einige Kinder- und Jugendbücher, die sind auf der ganzen Welt bekannt. Eines davon sind die Bücher über Pippi Langstrumpf. Astrid Lindgren hat die Bücher über das rothaarige Mädchen aus der Villa Kunterbunt ursprünglich auf Schwedisch geschrieben. Damit alle Kinder die Bücher gut verstehen, wurden die Geschichten über Pippi übersetzt. Auch Pippi Langstrumpfs Name wurde dafür in viele Sprachen übersetzt.

Findest du heraus, in welchen Sprachen das Buch gelesen wird?

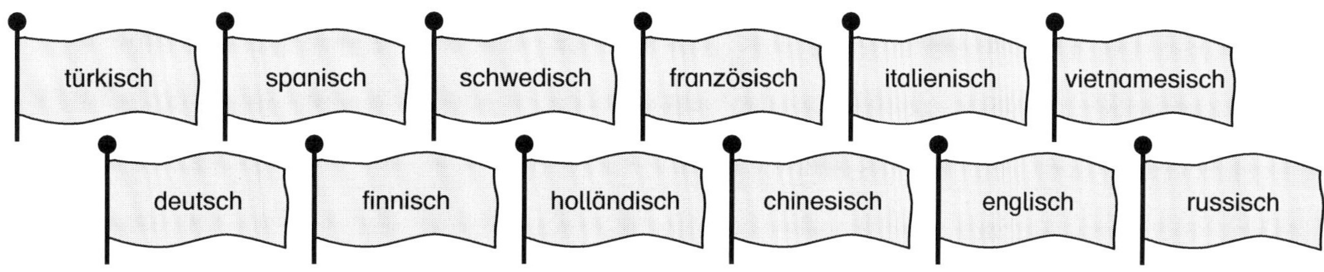

- Schreibe die passende Sprache zum Namen von Pippi Langstrumpf.
- Das Märchen „Rotkäppchen“ gibt es auch in vielen anderen Sprachen. Recherchiere im Internet, wie dieses Märchen woanders heißt.

WIR

Ich bin ich und du bist du.
Wenn ich rede, hörst du zu.
Wenn du sprichst, dann bin ich still,
weil ich dich verstehen will.
Wenn du fällst, helf' ich dir auf,
und du fängst mich, wenn ich lauf.
Wenn du kickst, steh ich im Tor,
pfeif ich Angriff, schießt du vor.
Spielst du pong, dann spiel ich ping,
und du trommelst, wenn ich sing.

Allein kann keiner diese Sachen,
zusammen können wir viel machen.
Ich mit dir und du mit mir – das sind wir.

Irmela Brender

- Lies dir das Gedicht leise vor.
- Sprich mit deinem Nachbarn.
  Fallen euch noch mehr Dinge ein,
  die man besser zusammen machen kann?
  Stellt eine Liste zusammen.
- Vergleicht eure Liste mit einem anderen Paar.

PETRA

Das macht Petra, wenn sie sich
mit Steffen an-freundet:
Sie lächelt Steffen an.
Sie legt ihren Arm um Steffen.
Sie hält Steffen an der Hand.
Sie macht Steffen den Ranzen zu.
Sie setzt sich ganz nah zu Steffen.

Das macht Petra, wenn sie sich
Von Steffen ab-freundet:
Sie dreht Steffen den Rücken zu.
Sie guckt Steffen bös an.
Sie streckt Steffen die Zunge raus.
Sie lacht Steffen aus.

(Marianne Kreft)

- Lies dir das Gedicht durch.
- Finde zwei Partner.
  Einer von euch liest das Gedicht vor, die anderen stellen es pantomimisch* dar.
- Schreibt noch weitere Verse, die ausdrücken, wie sich Petra und Steffen anfreunden und abfreunden.

* Etwas pantomomisch darstellen heißt, Theater zu spielen, ohne dabei zu sprechen. Du musst also mit deinem Gesichtsausdruck und/oder deinen Händen und Füßen darstellen, was gesagt wird, ohne ein Geräusch von dir zu geben.

AVENIDAS*

avenidas
avenidas y flores

flores
flores y mujeres

avenidas
avenidas y mujeres

avenidas y flores y mujeres y
un admirador

Eugen Gomringer

- Lies dir das Gedicht durch. Was fällt dir auf?
- Schreibe nach diesem Prinzip selber ein Gedicht, z. B. zum Thema Freundschaft, Verreisen, verschiedene Nationen ….
- Stelle dein Gedicht in der Klasse vor.

* Das Gedicht ist auf Spanisch geschrieben.
Hier ist die Bedeutung der Wörter:
avenidas – Straßen
flores – Blumen
mujeres – Frauen
un admirador – ein Bewunderer
y – und

SEOULER STRASSENBILD

Alle menschen, schien's, sind
auf dem weg, sind
jung und
auf dem weg, sind
schlank und
auf dem weg

Das handy am ohr, schienen sie einander zu beteuern,
daß der eine für den andern wie geschaffen ist,
doch auf dem weg
in die entgegengesetzte richtung

Reiner Kunze

- Lies dir das Gedicht durch und male ein passendes Bild dazu oder fertige aus Zeitschriften eine Collage dazu an.
- Das Gedicht heißt „Seouler Straßenbild“. Finde heraus, wo Seoul liegt. Was meinst du: Wieso hat der Dichter diese Stadt ausgewählt?
- Überlege mit einem Partner, wo im Alltag Menschen auch nur noch indirekt miteinander reden. Diskutiert eure Ergebnisse in der Klasse.

Spielst du gern?

Ähnlich wie bei Geschichten haben auch Spiele ein verbindendes Element, das über die Kulturkreise hinausgeht. Beim Spielen erleben die Schülerinnen und Schüler unterschiedliche kulturelle Aspekte. Statt eines Gesprächs über ein Thema ist das Kind Teil des Themas – eine wichtige Erfahrung, die Emotionen freisetzt, sich gegenüber dem Neuen bzw. auch Fremden offen zu zeigen. Aus diesem Grund geht es nicht „nur" darum, z. B. ein Spiel aus Lesotho zu spielen (siehe S. 68), sondern zu erfahren, wie Kinder dort spielen.

Alle Spielideen sollen auch dazu anregen, sich über die eigenen Spielerfahrungen auszutauschen. Welche Spiele gelten als „kindisch"? Welche sind gerade angesagt oder out? Was heißt es überhaupt, „zu spielen"? Spielen Jungen anders als Mädchen? Braucht man zum Spielen unbedingt Spielzeug?
Diese und andere Fragen können ein interessantes Gespräch in Gang setzen, das eine zusätzliche Bereicherung erfährt, wenn man auch interkulturelle Perspektiven mit einbezieht. Dabei sollte vermieden werden, bei den teilweise eingeschränkten Möglichkeiten in anderen Ländern stehen zu bleiben, sondern durchaus auch die Bereicherung sehen, sich mit einem weniger „luxusbasierten Spiel" zu beschäftigen. Am Ende wird die Erfahrung gemacht, dass alle Spiele Spaß machen – jedes auf seine Art und Weise.

Allgemein (Deutsch)	Partnerspiel	Gruppenspiel
Ballspiele	Nerenchi	Dithwai
Fußball spielt man überall		Snakes and ladders
Abzählreime	Murmelspiele	Murmelspiele
Spielzeug hier und anderswo		Der Plumpsack geht rum

Ballspiele

Bei diesen Spielen wird immer ein Ball benutzt. Dieser ist klein oder groß, rund oder oval, aus Gummi oder Schaumstoff, …

Fußball	Handball	Basketball	Wasserball
Tennis	Hockey	Squash	Brennball
Volleyball	Golf	Rugby	Boccia
Tischtennis	Football	Baseball	Kegeln

- Male die Ballspiele an, die du schon einmal gespielt hast.
- Kannst du die Ballspiele in eine Ordnung bringen?
  Denke dabei an die Anzahl der Spieler, ob das Spiel mit einem Schläger gespielt wird, wie der Ball aussieht …
  Vielleicht hast du auch noch andere Ideen, wie man die Spiele ordnen kann.
- Gibt es Ballspiele in der Sammlung, die du nicht kennst?
  Informiere dich im Internet oder in der Bücherei.
  Vielleicht findest du auch noch andere Ballspiele bei deiner Recherche.

Fußball spielt man überall

- Vergleiche die Fotos. Was fällt dir auf?
- Hast du schon einmal Fußball ohne einen Fußball gespielt? Berichte.
- Überlege: Warum ist Fußball in der Welt so beliebt?

Nerenchi (Denkspiel aus Sri Lanka)

Anzahl der Spieler:
zwei

Das brauchst du:
ein Stück Papier und einen Stift
oder
einen sandigen Boden und ein Stöckchen
12 helle Spielsteine (z. B. weiße Bohnen)
12 dunkle Spielsteine (z. B. rote Bohnen)

Zuerst zeichnet ihr den Spielplan
auf das Blatt Papier oder
auf den Boden. Die Größe ist egal.

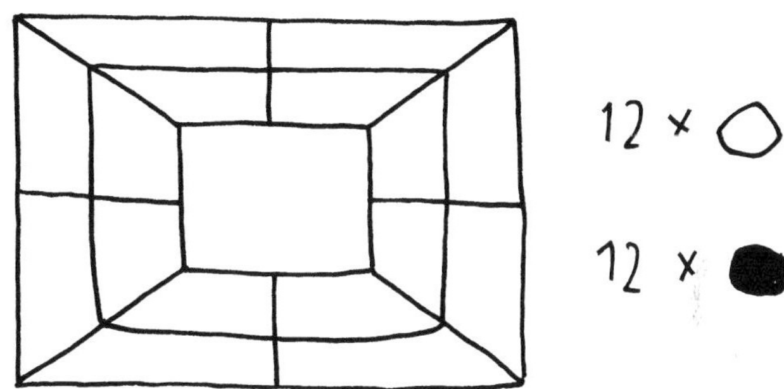

Abwechselnd setzen dann die Spieler je einen Spielstein auf eine „Kreuzung", also auf eine Stelle, wo sich zwei Linien kreuzen.
Ziel ist es, drei Steine der eigenen Farbe in eine Reihe zu legen.
Wem es gelingt, einen Nerenchi zu legen (also drei Steine der eigenen Farbe hintereinander), darf dem Gegner einen Stein wegnehmen.
Achtung: Aus einem Nerenchi darf man keinen Stein entfernen.

Wenn alle Steine gesetzt wurden, dürfen die Steine abwechselnd von einer Kreuzung zur nächsten gezogen werden.
Auch hierbei ist das Ziel, ein Nerenchi zu bekommen.
Wenn dies gelingt, darf man dem Gegner wieder einen Spielstein wegnehmen.

- Dieses Spiel wird auch in Deutschland gespielt.
  Weißt du, wie es hier genannt wird?

Dithwai (Wahrnehmungsspiel aus Lesotho)

Anzahl der Spieler:
bis zu acht Kinder

Das brauchst du:
sandigen Boden
10 Steine pro Spieler

Zuerst baut sich jeder Spieler einen Kraal für die Steine. Ein Kraal ist eine Art Gehege für Tiere in einem Dorf im südlichen Afrika. Die Größe sollte bei allen ungefähr gleich groß sein.

Jeder Spieler legt seine 10 Steine in seinen Kraal. Die 10 Steine sollen Rinder darstellen. Anschließend prägt sich jeder Spieler das Aussehen der Steine gut ein.

Der erste Spieler wird anschließend gebeten, die Augen zu schließen. Die anderen Spieler nehmen jeweils einen Stein aus seinem Kraal und legen ihn in ihren eigenen.

Der erste Spieler öffnet wieder die Augen und muss versuchen, seine Steine wiederzuerkennen. Gelingt ihm dies, darf er den jeweiligen Stein wieder in seinen Kraal zurücklegen. Ansonsten bleibt der Stein beim gegnerischen Spieler.

Wer nach einer Runde die meisten Steine in seinem Kraal hat, hat gewonnen.

Snakes and ladders (Brettspiel aus England)

Brettspiele sind in der ganzen Welt bekannt. Welche Brettspiele kennst du? Hier ist eine beliebte Variante aus England. Ziel ist es, als Erstes von 1 nach 35 zu gelangen. Allerdings gilt es auf dem Weg einige Schlangen (*snakes*) zu überwinden, an denen man schnell herunterrutschen kann, wenn man auf das Spielfeld kommt, das den Kopf der Schlange zeigt. Besser sind die Leitern (*ladders*), an denen man wieder hochklettern kann.

In English, please:

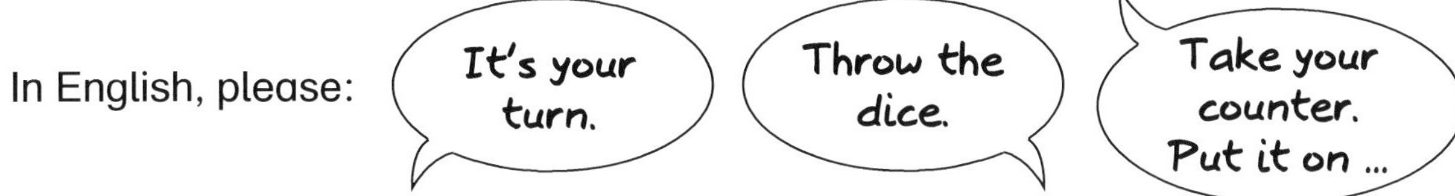

Murmelspiele

Hast du schon einmal mit Murmeln gespielt?
Überall in der Welt gibt es dieses Spiel.
Mal spielen die Kinder mit Lehmkugeln,
mal mit Holzperlen, mal mit Glaskugeln –
je nachdem, was sie zur Verfügung haben.
Die Regeln sind immer dieselben:
Es gilt, mit der Murmel ein Ziel zu treffen.

Hier findest du zwei Spielvorschläge:

Anzahl der Spieler:
bis zu sechs

Das brauchst du:
festen (sandigen) Untergrund
jeder Spieler benötigt dieselbe Anzahl an Murmeln

Spielidee 1 (aus Deutschland)
Auf dem Spielfeld wird ein faustgroßes Loch mit der Hand oder mit dem Schuhabsatz geformt.
Die lockere Erde, die beim Ausbohren entsteht, muss unbedingt danach wieder festgeklopft werden.
Es wird eine Linie bestimmt, an der die Spieler sich aufstellen (dies kann auch eine Linie sein, die kreisförmig um das Ziel geht).
Nacheinander versuchen die Spieler, ihre Murmeln einzeln mit dem Finger über den Boden in das Loch zu bugsieren. Die Murmel darf dabei nicht vom Finger geführt werden, sondern muss so angestoßen werden, dass sie rollt. Wem es gelingt, seine Murmeln mit einer vorher verabredeten Anzahl von „Würfen“ in die Vertiefung zu rollen, gewinnt die übrigen Murmeln.

Spielidee 2 (aus Chile)
Dieses Spiel wird auch auf dem Boden gespielt, allerdings werden in eine Kiste „Ziele“ von unterschiedlicher Größe geschnitten.
Je nach Größe des Ziels werden Punkte verteilt.
Wer am Ende die meisten Punkte hat, hat gewonnen.

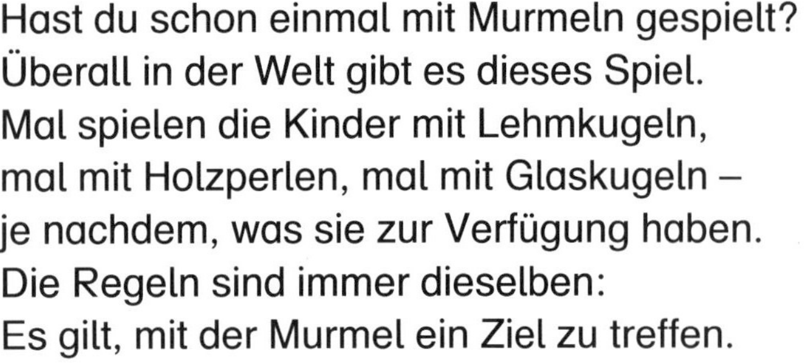

Alternativ kann das Spiel auch so gespielt werden:
Der Spieler erhält je nach Treffer im jeweiligen Ziel die angezeigte Anzahl an Murmeln. Trifft er nicht, bleibt die Murmel liegen und ist verloren.
Wer am Ende die meisten Murmeln besitzt bzw. als Letzter seine Murmeln verspielt hat, hat gewonnen.

Der Plumpsack geht rum (Laufspiel)

Viele Spiele haben eine lange Tradition – und wenn man offen dafür ist, kleine Varianten zuzulassen, stellt man fest, dass die Spielidee häufig auch international bekannt ist. Das trifft u. a. auch für das Kinderspiel „Der Plumpsack geht rum“ zu. Während das Spiel in Deutschland meist mit einem verknoteten Taschentuch („der Plumpsack“) gespielt wird, ist es in Japan ein Handtuch, das fallengelassen wird, und in der Türkei ein Teddybär.

Hier ist die Spielidee:
Die Kinder setzen sich in einen Kreis auf den Boden. Ein Kind erhält den Plumpsack und geht singend außen an den Kindern vorbei. Die sitzenden Kinder dürfen sich dabei nicht nach hinten umdrehen. Sobald der Sänger den Plumpsack hinter einem Kind fallen gelassen hat, muss dieses aufspringen und den Sänger jagen. Dieser versucht, den Kreis möglichst schnell zu umrunden und sich auf den frei gewordenen Platz zu setzen. Gelingt ihm dies, muss das andere Kind mit dem Plumpsack im Kreis laufen. Schafft es das Kind, das aufgestanden ist, den Sänger abzuticken, bevor dieser sich in die Kreislücke setzen kann, muss dieser erneut im Kreis laufen und versuchen, den Plumpsack abzulegen.

Dreht euch nicht um,
der Plumpsack geht rum.
Wer sich umdreht oder lacht,
kriegt den Buckel voll gemacht.

In der Schweiz ist das Spiel unter dem Namen „Fätzli gleit“ bekannt, in einigen Regionen Deutschlands auch als „Faules Ei“. In der Türkei spielt man es mit einem Teddy. Hier ist der türkische Text:

Yağ satarım, bal satarım,	Verkaufe Butter, verkaufe Honig.
Ustam ölmüş, ben satarım,	Mein Meister ist verstorben, ich verkaufe es.
Ustamın kürkü sarıdır,	Der Pelz meines Meisters ist gelb,
Satsam 15 liradır,	Wenn ich es verkaufe, kostet es 15 lira,
Zambak Zumbak,	Zambak Zumbak,
	(zambak bedeutet Lilie und Zumbak ist nur der Reim dazu)
Dön arkana iyi bak.	Dreh dich nach hinten und schau dich gut um.

Abzählreime

Bei vielen Spielen muss man vor Spielbeginn den Fänger (oder eine andere Person) auswählen. Häufig macht man das mit einem Abzählreim. Hier findest du Abzählreime aus verschiedenen Ländern.

aus England	*Übersetzung*
Eenie meenie miney moe,	Eene meene miine meh,
Catch a tiger by the toe,	Fang nen Tiger an dem Zeh.
If he squeals, let him go,	Wenn er schimpft, lass ihn geh'n,
Eenie meenie miney moe.	Eene meene miine men.

aus Frankreich	*Übersetzung*
J'ai une fleur	Ich bin eine Blume
dans mon jardin	in meinem Garten,
qui s'appelle	die nennt sich
Viqueparadiqueparadiqueaudac,	Vickeparadickeparadickeaudack.
si tu sais le répéter	Wenn du das wiederholen kannst,
tu seras en liberté.	wirst du frei sein.

aus Russland		*Übersetzung*
Аты-баты шли солдаты	(Ati-báti schli saldáti)	Tippel-tappel gingen die Soldaten
Аты-баты на базар.	(Ati-báti na basar.)	Tippel-tappel auf den Basar.
Аты-баты что купили?	(Ati-báti schto kupíli?)	Tippel-tappel was kauften sie?
Аты-баты самовар.	(Ati-báti samawár.)	Tippel-tappel einen Samowar.
Аты-баты сколко стоит?	(Ati-báti skólka stóit?)	Tippel-tappel was kostete er?
Аты-баты три рубля.	(Ati-báti tri rubljá.)	Tippel-tappel drei Rubel.
Аты-баты кто выходит?	(Ati-báti kto wichódit?)	Tippel-tappel wer muss raus?
Аты-баты это я.	(Ati-báti äta ja.)	Tippel-tappel das bin ich.

aus der Türkei	*Übersetzung*
Portakalı Soydum	Hab' die Orange geschält,
Baş Ucuma Koydum	Unter mein Kopfkissen gelegt.
Ben Bir Yalan Uydurdum	Hab' mir dann eine Lüge ausgedacht.
Duma Duma Dum	Duma duma dum *(keine Bedeutung, nur der Reim)*
Kırmızı Mum	Rote Kerze,
Dolapta Pekmez	Sirup im Schrank,
Yala Yala Bitmez	Wird vom Schlecken nicht leer.
Ayşecik Cik Cik Cik	Ayse cik cik cik,
Fatmacık Cık Cık Cık	Fatma cik cik cik, *(oder einfach andere Namen mit cik cik cik nehmen)*
Sen Bu Oyundan Çık	du gehst aus dem Spiel.

Spielzeug hier und anderswo

Womit spielen Kinder?
Vielleicht kann eine Ausstellung in der Klasse aufgebaut werden, in der die Schülerinnen und Schüler ihr Lieblingsspielzeug präsentieren.

Vielleicht regt der Austausch über das Lieblingsspielzeug auch dazu an, zu überlegen, ob Kinderspielzeug geschlechtsspezifisch ist – gibt es Spielzeug „nur für Jungen" oder „nur für Mädchen"? Wer bestimmt das?

Womit spielen Kinder in anderen Ländern?
Gibt es Ähnlichkeiten oder große Unterschiede?
Ein Interview in der Fußgängerzone (oder im kleineren Rahmen) kann hier interessante Eindrücke vermitteln.

Umfrage:

Womit spielst du am liebsten? (Warum?)

____

____

Welches Spielzeug magst du gar nicht? (Warum nicht?)

____

____

Welches Spielzeug hättest du gern? (Warum?)

____

____

Auf welches von deinen Spielzeugen kannst du am besten verzichten? (Warum?)

____

____

Was isst du gern? Was trinkst du gern?

Nicht nur die Liebe geht durch den Magen, sondern auch das interkulturelle Bewusstsein. Viele Kinder (und Erwachsene) zögern, wenn es darum geht, etwas Neues zu kosten. Viele verbinden aber auch einen Sommerurlaub mit dem täglichen Eis am Strand, saftiger Melone oder heißem Grillobst. Aus diesem Grund lohnt es sich, das Thema Essen mit in die interkulturelle Auseinandersetzung einzubeziehen. Dabei geht es nicht allein darum, diese Urlaubserfahrungen auszutauschen, sondern sich bewusst zu machen, dass mit dem Essen auch besondere Gewohnheiten verbunden sind. Während man z. B. in Deutschland höflicherweise abwartet, bis alle Teilnehmer am Tisch etwas auf dem Teller haben und dann gemeinsam mit einem „Guten Appetit" die Mahlzeit beginnt, gibt es diese Sprachformel im angloamerikanischen gar nicht. In Norwegen beginnt jeder sofort mit dem Essen, sobald der Teller vor einem steht – dafür dankt man am Ende für das Essen: „Tak for maten." Sicherlich sollte hier davon Abstand genommen werden, die britischen oder norwegischen Esser als unhöflich zu bezeichnen. Vielmehr ist es spannend, sich darüber auszutauschen, woher diese Rituale kommen. Vielleicht liegt es in Norwegen am kalten Wetter, dass zuerst gegessen wird, dann gedankt?

Wasser ist wichtiger Bestandteil der täglichen Nahrung. Wasser bedeutet aber noch viel mehr und viele Kinder in Deutschland sind sich nicht bewusst, wie gut die Wasserversorgung in Deutschland ist. Dass wir quasi überall mit Wasser hantieren, das Trinkwasserqualität hat, ist schon etwas Besonderes. Wasser ist aber nicht nur zum Trinken da und der Stellenwert, den Wasser durch das tägliche Trinken hinaus in unserem Leben hat, wird anhand der Kopiervorlagen ebenfalls gezeigt.

Deutsch	Sachunterricht	Mathe	Englisch	Religion
Internationale Speisekarte				
Wörter-Rallye			Wörter-Rallye	
Rezepte für Kinder – ein Kochbuch anlegen				
Ingwer-Wasser				
	Ohne Wasser geht es nicht	Ohne Wasser geht es nicht		
	Was hat das mit Wasser zu tun			
	Wasserkreislauf im Glas			
Redensarten zum Thema Wasser				
				Was hat das Wasser mit Religion zu tun?

Internationale Speisekarte

- Lies dir die Speisekarte durch.
  Welche Speisen hast du schon einmal probiert?
  Wie haben sie dir geschmeckt? Berichte.
- Stelle eine Liste mit Speisen zusammen, die deiner Meinung nach nicht typisch deutsch sind. Vergleiche mit einem Partner.

Speisekarte

Vorspeisen

Gebackener Camembert

Frische Champignons
in Knoblauchsauce mit Brot

Schafskäse
überbacken mit Salatbeilage

Kleiner gemischter Salat

Suppen

Ungarische Gulaschsuppe

Französische Zwiebelsuppe

Hühnersuppe mit Einlage

Vegetarisch

Champignon-Omelette

Gemüsepfanne „Ratatouille“
Mit Auberginen, Tomaten, Paprika, Zucchini und Butterreis

Fleischgerichte

Pfeffer-Pfanne „Balkan“
Filetspitzen mit Paprika, Tomaten, Zwiebel und Butterreis

Rumpsteak
mit Kräuterbutter, Buttergemüse, Pommes Frites und Salat

Gyros-Pfanne
mit Bulgur und Salatbeilage

Fischgerichte

Rotbarschfilet gebraten
mit Salat und Butterreis

Forelle „Müllerin Art“
mit Petersilienkartoffeln und Salat

Pangasiusfilet
mit grünen Nudeln und Salat

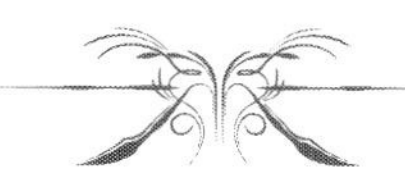

Diese internationalen Speisen kenne ich außerdem:

Wörter-Rallye

- Arbeite mit einem Partner.
  Schreibt (oder malt) Wörter, die etwas mit Essen zu tun haben.
- Kannst du die Wörter nach ihrem Herkunftsland ordnen?

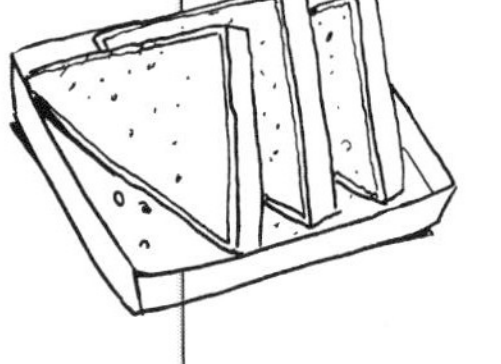

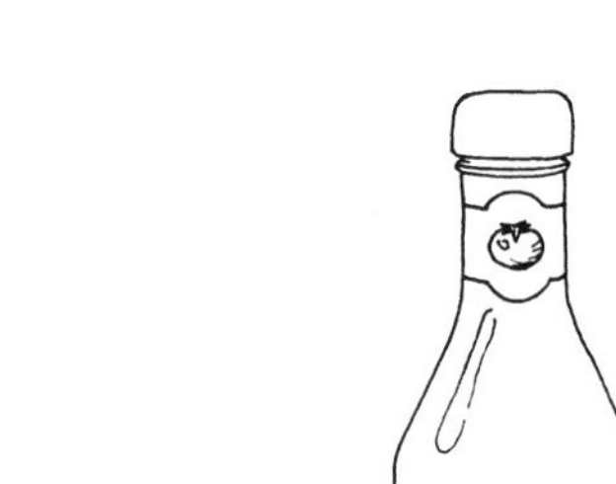

- Hast du die Möglichkeit, mit einem Fotoapparat zu arbeiten?
  Dann gehe durch deinen Heimatort und fotografiere Beispiele für englischsprachige Werbung für Essen.
  Findest du auch Werbung für Essen in anderen Sprachen?
  Was wird außerdem noch in anderen Sprachen beworben?
  Präsentiere deine Fotos in der Klasse.

Rezepte für Kinder – ein Kochbuch anlegen

Die Idee, gemeinsam ein Kochbuch anzulegen, mag zunächst nichts Neues darstellen. Je nach Zusammensetzung der Schülerschaft in der Klasse kann dies aber bereits in der Vorbereitungsphase viele Gespräche auslösen, z. B. über Essgewohnheiten (täglich vs. an besonderen Tagen), über Speisefolgen, über Bräuche und Traditionen anlässlich besonderer Tage (z. B. dem Geburtstag) usw.

Die Kinder werden zunächst gebeten, ein Lieblingsrezept selbst aufzuschreiben – möglichst von einem Essen, das sie allein und selbstständig zubereiten können. Anschließend stellt jedes Kind sein Rezept vor und – falls möglich – haben die Schülerinnen und Schüler die Möglichkeit, es auch zu probieren oder nachzukochen.

Die besonderen Zutaten werden von der „Köchin" bzw. dem „Koch" gern auch in der Muttersprache vorgestellt. Eventuell lassen sich daraus dann auch mehrsprachige Plakate entwickeln, mit denen die Kinder lernen, was z. B. Paprika auf Spanisch, Türkisch oder in einer anderen Sprache heißt.

Mögliche Arbeitsaufträge

- Sprecht über eure Kocherfahrungen (zu Hause, in der Schule, bei den Großeltern, im Urlaub, ...).
- Schreibe ein Rezept auf, das du selber kochen oder backen kannst.
- Ordnet die Rezepte, bevor ihr daraus ein Kochbuch bindet. Wie sortiert ihr die Rezepte? Gibt es auch andere Möglichkeiten?
- Frage deine Oma/deinen Opa nach ihrem/seinem Lieblingsrezept. Gibt es eine Geschichte dazu, warum sie/er dieses Gericht so gern gegessen hat?

Ingwer-Wasser

Bringe die Sätze in die richtige Reihenfolge.

Das brauchst du:

2 l frisches Wasser
2 EL geriebenen Ingwer
1 Salatgurke
12 Blätter Minze

So machst du das Ingwer-Wasser:

Anschließend schälst du die Gurke und hobelst sie in feine Scheiben.

Dann reibst du den Ingwer.

Fülle die Gurkenscheiben zum Ingwer in den Glaskrug.

Am Schluss zupfst du 12 Minzblätter vom Stengel und gibst diese ebenfalls in den Glaskrug.

Du gießt zwei Liter frisches Wasser darüber.

Zuerst musst du den Ingwer schälen.

Stelle das Ingwer-Wasser für ca. zwei Stunden zum Kühlen in den Kühlschrank.

Die zwei Esslöffel geriebenen Ingwer gibst du in einen großen Krug.

Prost!

Ohne Wasser geht es nicht

Wusstest du, dass der Mensch zu etwa 65 % aus Wasser besteht? Tatsächlich bestehen alle Lebewesen zu einem großen Teil aus Wasser. Es ist im ganzen Körper verteilt und ohne Wasser kann niemand lange überleben (höchstens 4 Tage). Es ist im Blut, in den Organen, in den Muskeln und auch in den Knochen.

Pro Tag braucht ein Mensch ungefähr zwei bis vier Liter Wasser. Das hängt zum einen von der Temperatur ab, die den Menschen umgibt, aber auch von der Tätigkeit, die der Mensch ausführt.

Wasser nimmt man nicht nur über das Trinken auf, sondern auch über das Essen.

Tatsächlich verbraucht der Mensch Wasser aber zum kleinsten Teil im täglichen Leben durch das Trinken. Die 120 l, die ein Mensch im Durchschnitt täglich in Deutschland verbraucht, benötigt er für ganz andere Dinge.

- Überlege, in welchen Situationen du im Laufe eines Tages Wasser verbrauchst. Schreibe auf und vergleiche mit einem Partner.

____

____

____

____

- Überlege, in welchen Situationen du Wasser sparen könntest. Vergleiche mit einem Partner.

____

____

____

____

- Hast du schon einmal erlebt, dass aus dem Wasserhahn kein Trinkwasser kommt? Welche Auswirkung hatte das für dich? Erzähle.
- In vielen Ländern gibt es keine zentrale Wasserversorgung. Stattdessen muss man das Wasser von einem Brunnen holen. Stell dir vor, du musst 2 km zu einem Brunnen laufen. Du kannst jedes Mal 5 l Wasser tragen. Am Tag brauchst du 10 l Wasser. Wie viele Kilometer musst du in einer Woche laufen? In einem Monat? Im Jahr? Wie viele Liter Wasser verbrauchst du in einer Woche? In einem Monat? In einem Jahr? Vergleiche mit einem Kind aus Deutschland.

Was hat das mit Wasser zu tun?

- Überlege, was die Abbildungen mit Wasser zu tun haben.
  Kreuze den Wassertropfen mit JA an, wenn du meinst, dass sich in dem Gegenstand Wasser „versteckt“.
  Kreuze NEIN an, wenn du der Meinung bist, dass sich in dem Gegenstand kein Wasser „versteckt“.
  Vergleiche mit einem Partner.

Ja Nein

Ja Nein

Ja Nein

Ja Nein

Ja Nein

Ja Nein

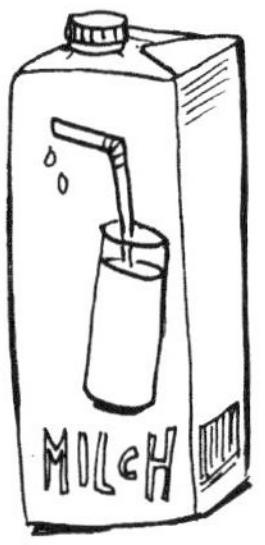

Ja Nein

Ja Nein

Ja Nein

Ja Nein

Ja Nein

Ja Nein

Wasserkreislauf im Glas

Sicherlich weißt du schon, dass das Wasser auf der Erde sich in einem ständigen Kreislauf befindet.

➜ Bringe die folgenden Sätze in die richtige Reihenfolge, indem du die Zahlen 1 – 4 davor schreibst.

☐ Ein Teil des Regens verdampft sofort wieder und steigt wieder als Wasserdampf in die Luft auf. Ein anderer Teil versickert als Grundwasser im Boden oder fließt in die Flüsse, Seen und Meere.

☐ In der Luft verdichten sich die Wasserteilchen zu Tropfen und bilden Wolken.

☐ Die Tropfen in den Wolken werden immer schwerer und fallen als Regen zurück auf die Erde.

☐ Die Sonne scheint, und es wird warm. Wasserteilchen verdunsten und steigen als unsichtbarer Wasserdampf in die Luft.

Du kannst den Wasserkreislauf auch beobachten.
Dafür benötigst du ein Glas und eine Pflanze, die Wurzeln mit Erde daran hat.
Schau dir das Bild an und baue den Versuch genauso auf.
Bevor du das Glas mit der Folie und dem Gummiband verschließt, musst du ungefähr ein halbes Glas Wasser auf die Pflanze gießen.
Anschließend stellst du das Glas an einen halbschattigen Platz (nicht in die pralle Sonne!). Du musst allerdings etwas warten, bis der Wasserkreislauf sichtbar wird.

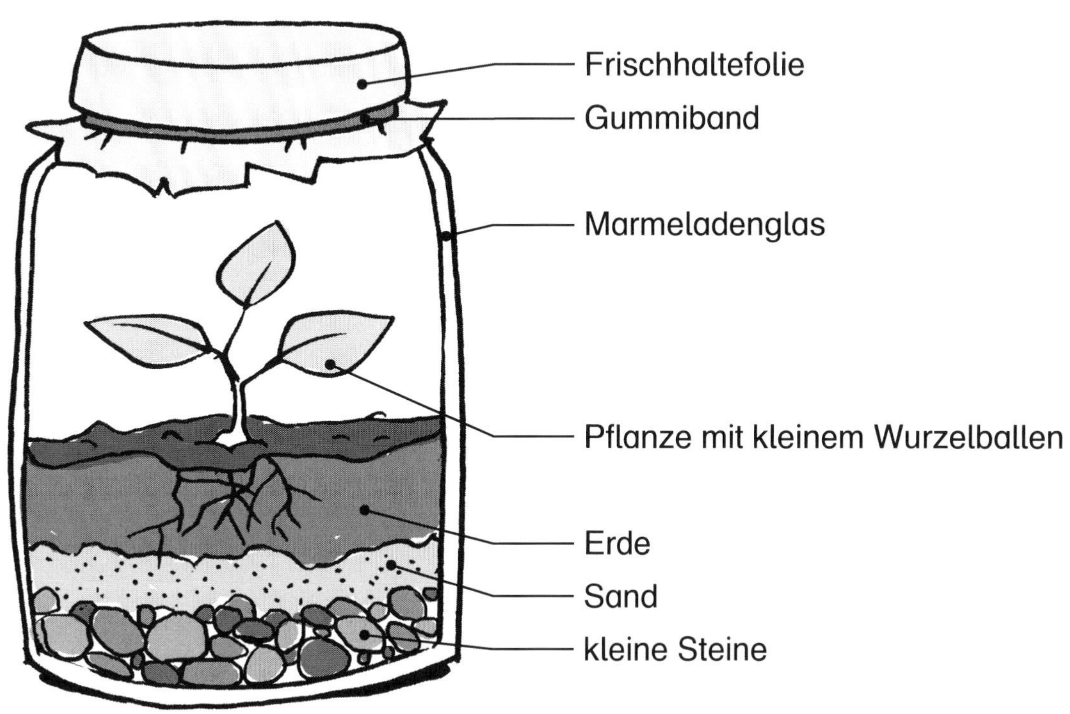

Redensarten zum Thema Wasser

- Welche der Redensarten kennst du? Kreuze sie an.
- Welche Erklärung gehört zu welcher Redensart?
  Trage die passenden Ziffern in die Wassertropfen ein.
- Erzähle (oder schreibe) eine Begebenheit, in der die Redensart eine Rolle spielt.
- Kennst du noch andere Redensarten, in denen von Wasser die Rede ist?

☐ Stille Wasser sind tief.

☐ Er ist nah am Wasser gebaut.

☐ Steter Tropfen höhlt den Stein.

☐ Sie ist mit allen Wassern gewaschen.

☐ Das Wasser steht ihr bis zum Hals.

☐ Das ist ein Tropfen auf den heißen Stein.

☐ Die kochen auch nur mit Wasser.

1 Er fängt schnell an zu weinen.
2 Die anderen können es auch nicht besser.
3 Nach außen wirkt die Person ruhig, aber sie ist innerlich ganz anders.
4 Sie hat große Probleme, sie ist in Schwierigkeiten.
5 Das ist nur eine Kleinigkeit, die das große Problem nicht wirklich löst.
6 Ausdauer und Hartnäckigkeit zahlen sich aus.
7 Sie ist clever und schreckt vor nichts zurück.

Kirstin Jebautzke: Lernwerkstatt: Viele Kulturen – eine Welt

Was hat das Wasser mit Religion zu tun?

- Warst du schon einmal in einem Gottesdienst, in dem Wasser eine Rolle gespielt hat? Berichte.
- Vergleiche, welche Rolle das Wasser in den verschiedenen Religionen hat.

Historisch gesehen wird im Judentum das achttägige Laubhüttenfest (Sukkot) mit Wasser in Verbindung gebracht. Auch wenn heute das symbolische Aufstellen einer „Laubhütte“ Kennzeichen zu sein scheint, so wird mit dem 8. Tag die Bitte um Regen in Verbindung gebracht, die u. a. in einer Wasserschöpfzeremonie zum Ausdruck kommt. Sukkot ist übrigens das freudigste jüdische Fest.

Die Taufe spielt bei den Christen eine besondere Rolle. Durch das Eintauchen bzw. Besprengen mit geweihtem Wasser wird zum Ausdruck gebracht, dass der Täufling Mitglied der christlichen Gemeinde wird.

Im Islam spielt die rituelle Waschung vor jedem Gottesdienst eine große Rolle. Vor jeder Moschee steht deshalb ein Brunnen bzw. ein vergleichbares Behältnis mit Wasser.

Für Hindus hat das Wasser eine besondere Bedeutung. Sie glauben, dass mit dem Bad in einem heiligen Fluss Sünden weggespült und die Seele gereinigt werden kann. Zudem glauben sie, dass das Wasser die Seelen der Toten zu einem Ort des ewigen Lebens transportiert. Die Asche der Toten wird aus diesem Grund in die heiligen Flüsse gestreut. Der heiligste Fluss für die Hindus ist der Ganges.

Der Buddhismus wird geprägt von den vier großen Elementen: Wasser, Feuer, Erde und Luft. Wasser spielt im Leben eines Buddhisten eine entsprechend große Rolle. So ist beim Neujahrsfest der Wunsch für ein gutes Jahr immer auch mit dem Bespritzen bzw. dem Beschütten von Wasser auf die Menschen verbunden. Auch die Buddha-Statuen werden an diesem Tag mit Wasser gewaschen.

So begrüßen wir uns — Seite 10

Begrüßung	Land / Kontinent
Hello. / Hi.	Großbritannien, USA, Australien
Merhaba.	Türkei
Ni hao.	China
Hola.	Spanien, Südamerika
Hallo.	Deutschland, Österreich
Konnichiwa.	Japan
Namaste.	Indien
Salut. / Bonjour.	Frankreich
Ciao.	Italien

Einfach tierisch — Seite 17

englischer Tierlaut	deutscher Tierlaut
Moo.	*Muh.*
Oink.	*Grunz.*
Neigh.	*Wieher.*
Woof.	*Wau. / Wauwau. / Wuff.*
Meeow.	*Miau.*
Baa.	*Mäh.*
Quack.	*Quak.*
Cock-a-doodle-do.	*Kikeriki.*

Europas Flaggen — Seite 21

D = Deutschland
DK = Danmark (dän.) = Dänemark
E = España (span.) = Spanien
CZ = Czech Republic (engl.) = Tschechische Republik
CH = Confoederatio Helvetica (lat.) = Schweiz
F = France (frz.) = Frankreich
GB = Great Britain (engl.) = Großbritannien
GR = Greece (engl.) = Griechenland
H = Hungaria (lat.) = Ungarn
HR = Hrvatska (kroat.) = Kroatien
LT = Lietuva (lit.) = Litauen

Europas Hauptstädte 1 — Seite 23

A	L	M	B	M	S	V	K	O	C	A	**B**	O	Z	**A**	G
B	**K**	O	C	N	T	A	R	H	D	M	**E**	B	P	**M**	L
M	**O**	**S**	**K**	**A**	**U**	C	S	K	M	E	**R**	H	N	**S**	T
C	**P**	R	D	**T**	O	D	F	K	F	D	**L**	K	O	**T**	U
D	**E**	T	E	**H**	**M**	T	D	**P**	**A**	**R**	**I**	**S**	L	**E**	R
E	**N**	S	F	**E**	**A**	E	U	P	T	L	**N**	V	K	**R**	A
P	**H**	**L**	**O**	**N**	**D**	**O**	**N**	N	R	E	T	B	S	**D**	W
G	**A**	U	G	P	**R**	F	M	**W**	**A**	**R**	**S**	**C**	**H**	**A**	**U**
H	**G**	B	H	**L**	**I**	**S**	**S**	**A**	**B**	**O**	**N**	C	U	**M**	K
K	**E**	A	I	R	**D**	G	L	A	S	**M**	D	T	B	E	A
A	**N**	**K**	**A**	**R**	**A**	H	M	B	T	D	G	C	H	F	K

Großbritannien
London

Spanien
Madrid

Türkei
Ankara

Niederlande
Amsterdam

Russland
Moskau

Deutschland
Berlin

Griechenland
Athen

Portugal
Lissabon

Dänemark
Kopenhagen

Italien
Rom

Frankreich
Paris

Polen
Warschau

Europas Hauptstädte 2 — Seite 24

Italien – Rom
Deutschland – Berlin
Russland – Moskau
Schweden – Stockholm
Norwegen – Oslo

Türkei – Ankara
Frankreich – Paris
Belgien – Brüssel
Tschechien – Prag
Portugal – Lissabon

Griechenland – Athen
Polen – Warschau
Österreich – Wien
Kroatien – Zagreb
Lettland – Riga

Europas Geld: der Euro Seite 28

3,47 € + 2,27 €	5,25 € + 63,15 €	267,10 € + 83,55 €	147,99 € + 13 €	267,56 € + 52,98 €
5,74 €	68,40 €	350,65 €	160,99 €	320,54 €
12,35 € + 5,05 €	7,45 € + 119,19 €	456,05 € + 14,89 €	235,75 € + 9 €	621,54 € + 39,29 €
17,40 €	126,64 €	470,94 €	244,75 €	660,83 €
69 € – 17 €	55,15 € – 37,10 €	678 € – 525,45 €	17,89 € – 9 €	875,65 € – 65,75 €
52,00 €	18,05 €	152,55 €	8,89 €	809,90 €
112 € – 18 €	98,12 € – 67,35 €	987,65 € – 729,95 €	11,23 € – 8 €	265,65 € – 85,99 €
94,00 €	30,77 €	257,70 €	3,23 €	179,66 €

Belgien, Deutschland, Estland, Finnland, Frankreich, Griechenland, Irland, Italien, Luxemburg, Malta, Niederlande, Österreich, Portugal, Slowakei, Slowenien, Spanien, Zypern;
außerdem: Monaco, San Marino, Vatikanstadt, Andorra, Kosovo, Montenegro

Interkultureller Kalender (1) Seite 30

(Angaben gelten für das Jahr 2014)
Wann wird in Deutschland Neujahr gefeiert? *01.01.2014*
Wann findet das Neujahrsfest in China statt? *31.01.2014*
Wann feiern die Christen in diesem Jahr Ostern? *18.–20.04.2014*
Wann findet das orthodoxe Osterfest statt? *18.–20.04.2014*
Wann ist der Internationale Frauentag? *08.03.2014*
Wann ist der Internationale Kindertag? *01.06.2014*
Wann ist in diesem Jahr der Weltkindertag? *20.11.2014*
Wann feiern wir in diesem Jahr in Deutschland Muttertag? *11.05.2014*
Wann feiern wir in diesem Jahr in Deutschland Vatertag? *29.05.2014*
Wann feiern die Tamilen das Pongalfest? *14.01.2014*
Wann wird das Holifest gefeiert? *17.03.2014*
Wann wird das Schawuot-Fest von den Juden gefeiert? *04.–05.06.2014*
Wann beginnt in diesem Jahr der Ramadan? *28.06.2014*
Wann endet in diesem Jahr der Ramadan? *27.07.2014*
Wann findet das Ganeshafest statt? *29.08.2014*
Wann feiern wir in diesem Jahr das Erntedankfest in Deutschland? *05.10.2014*
Wann wird in diesem Jahr Thanksgiving gefeiert? *27.11.2014*
Wann feiert man in diesem Jahr Chanukka? *17.–24.12.2014*

Wann wird Sukkot gefeiert? *09.–15.10.2014*
Wann findet in diesem Jahr Halloween statt? *31.10.2014*
Wann findet das Hindu-Fest Dashahara in diesem Jahr statt? *04.10.2014*
Wann findet das Divali-Fest statt? *23.10.2014*
Wann ist in diesem Jahr Weihnachten? *24.–26.12.2014*
Wann wird in diesem Jahr das orthodoxe Weihnachtsfest gefeiert? *06.–07.01.2014*

Schule vor 100 Jahren — Seite 33

Schule damals	Schule heute
Schülerpult mit Bank	*einzelne Tische und Stühle*
Lehrer auf einem höher gestellten Pult	*Lehrerin bewegt sich im Klassenzimmer*
keine Tafel	*Klasseneinrichtung viel „gemütlicher“*
nur Pult und Bänke	*Leseecke, Arbeitsecken, Regale*
alle sitzen in Reihen und gucken nach vorn	*Gruppentische*
	Bilder an der Wand, Computer

Bildung für alle Kinder — Seite 34

UNICEF steht für *United Nations International Children's Fund* (Kinderhilfswerk der Vereinten Nationen). Das Kinderhilfswerk wurd am 11. Dezember 1946 gegründet und sollte zunächst Kindern in Europa nach dem 2. Weltkrieg helfen. Heute arbeitet das Kinderhilfswerk schwerpunktmäßig in Entwicklungsländern und hat sich den Bereichen Familienplanung, Hygiene, Ernährung und Bildung verschrieben. Mehr Informationen unter www.unicef.org

Schulanfang und Zuckertüte — Seite 35

1. Die Schulzeit nennt man auch „Ernst des Lebens“.
2. Die Schultüte nennt man auch Zuckertüte.
3. Früher begann das Schuljahr nach Ostern.

Schulsachen — Seite 36

Dinge, die in die Schultasche gehören, sind:
Füller, Lineal, Anspitzer, Filzstift, Buntstift/Bleitstift, Radiergummi, Klebestift, Schere, Hefte, Federmäppchen, Schulbuch, Pinsel, Brotdose, Apfel, Trinkflasche

Klassenregeln Seite 37

Klassenregeln früher	**Klassenregeln heute**
Jeder legt seine Hände gefaltet auf den Tisch. Wir sind freundlich miteinander. Jeder Schüler sitzt ordentlich an seinem Platz. Wir melden uns, wenn wir etwas sagen wollen. Wir hören zu, wenn jemand etwas sagt. Sprechen, Lachen, Flüstern und Herumlaufen sind verboten. Wenn der Lehrer in die Klasse kommt, stehen die Schüler auf. Alle Schulsachen und der Klassenraum müssen in Ordnung gehalten werden. Wir sind im Klassenzimmer ruhig. Das Aufzeigen geschieht mit dem Zeigefinger der rechten Hand. Wir rennen nicht im Klassenzimmer. Wir räumen am Ende des Unterrichts unseren Platz auf. Die Schulsachen werden auf Kommando aus der Tasche geholt.	Wir sind freundlich miteinander. Wir helfen uns gegenseitig. Wir melden uns, wenn wir etwas sagen wollen. Wir hören zu, wenn jemand etwas sagt. Wenn es Streit gibt, wenden wir die Stopp-Regel an. Alle Schulsachen und der Klassenraum müssen in Ordnung gehalten werden. Wir sind im Klassenzimmer ruhig. Wir rennen nicht im Klassenzimmer. Wir räumen am Ende des Unterrichts unseren Platz auf.

Tag für Tag Seite 39

Deutsch	**Montag**	**Dienstag**	**Mittwoch**	**Donnerstag**	**Freitag**	**Samstag**	**Sonntag**
Englisch	Monday	Tuesday	Wednesday	Thursday	Friday	Saturday	Sunday
Spanisch	lunes	martes	miércoles	jueves	viernes	sábado	domingo
Französisch	lundi	mardi	mercredi	jeudi	vendredi	samedi	dimanche

Rechnen mit Zeiteinheiten 1 Seite 41

Wie viele Sekunden sind das?

2 min	*120 sek*	10 min	*600 sek*
5 min	*300 sek*	15 min	*900 sek*
7 min	*420 sek*	30 min	*1800 sek*

Wie viele Minuten sind das?

180 sek	*3 min*	260 sek	*4 min 20 sek*
360 sek	*6 min*	750 sek	*12 min 30 sek*
480 sek	*8 min*	375 sek	*6 min 15 sek*

Wie viele Stunden sind das?

120 min	*2 h*	450 min	*7 h 30 min*
600 min	*10 h*	645 min	*10 h 45 min*
240 min	*4 h*	225 min	*3 h 45 min*

Rechnen mit Zeiteinheiten 2 — Seite 42

Freitag: 2 h 25 min = 120 min + 25 min = 145 min
Samstag: 45 min + 60 min + 55 min = 160 min
Sonntag: 200 min 50 sek
Die längste Tour macht Jonas am Sonntag. Er ist 3 Stunden 20 Minuten und 50 Sekunden unterwegs.

Radrennen:
Vuelta d'España – Spanien, Giro d'Italia – Italien, Tour de Suisse – Schweiz, Deutschlandtour – Deutschland

Die Weltzeituhr — Seite 43

Wie spät ist es in Buenos Aires, wenn es …

in San Francisco 14.30 Uhr ist?	9.30 Uhr
in Sydney 7.45 Uhr ist?	18.45 Uhr
in London 16.20 Uhr ist?	13.20 Uhr
in Moskau 3.30 Uhr ist?	21.30 Uhr
in New York 10.35 Uhr ist?	12.35 Uhr

Das wertvolle Salz — Seite 51

Es war einmal vor langer Zeit,

Die jüngste Tochter des Sultans ging mit dem Henker in den Wald, dann lief es allein durch den Wald, später heiratete es den Sohn eines anderen Sultans, der Vater kommt zu Besuch.

Vater stellt die Frage, welche Tochter ihn am meisten liebt

Henker und/oder Vater

die Zahl Drei (oder Sieben) spielt eine Rolle

drei Schwestern

… und sie lebten von nun an in Frieden gemeinsam bis zum Tode.

Wir jedoch verschwinden von dieser Bretterbühne.

Baba Jaga Seite 52

Es war einmal ein Mann und seine Frau, ...

Tochter muss erst den langen Weg durch den Wald zur Baba Jaga gehen, anschließend auch wieder zurück nach Hause

Die Tiere der Baba Jaga müssen alle besänftigt werden und die Baba Jaga muss ausgetrickst werden

Stiefmutter und Baba Jaga

Die Tante gibt der Tochter ein Band, ein Brot, einen Krug Öl und ein Stück Fleisch. Die sind zwar nicht verzaubert, aber haben „Zauberkräfte", weil sie der Tochter helfen zu fliehen.

Es werden keine Zaubersprüche gesagt, aber formelhaft wiederholen die Tiere und Dinge, die dem Mädchen helfen, immer ihre Antwort an die Baba Jaga.

Seitdem lebte er alleine mit seiner Tochter glücklich und in Wohlstand zusammen und damit ist das Märchen vorbei.

Sonne und Mond Seite 55

Vor langer, langer Zeit, ...

Die Reise des Boten bzw. der Sonne zum Mond.

Die Sonne muss den Mond erreichen

Der Bote geht drei Mal zum Mond.

Und so rennt sie bis zum heutigen Tag immer noch hinter dem Mond her.

Mr Vinegar Seite 56

Mr und Mrs Vinegar lebten in einer Essigflasche. Eines Tages ...

Der Weg zurück vom Markt in den Wald.

Es muss immer wieder ein neuer Gegenstand erworben werden, der (angeblich) das einzige Glück darstellt.

Niemand ist wirklich „böse", allerdings sind alle Menschen, die Mr Vinegar trifft, auf ihren Vorteil bedacht.

Es wird nichts verzaubert, aber die Tauschobjekte nehmen eine ähnliche Funktion ein – sie ermöglichen jeweils den „Erwerb" der gewünschten Sache.

Mr Vinegar sagt sich immer wieder in derselben Weise, was ihn glücklich machen würde.

Pippi Langstrumpf kennen alle Seite 59

deutsch

schwedisch

englisch

spanisch

französisch

italienisch

holländisch

russisch

türkisch

vietnamesisch

finnisch

chinesisch

Rotkäppchen – Little Red Riding Hood (engl.) – Le petit chaperon rouge (frz.) – Caperucita roja (span.), u. v. m.

Seouler Straßenbild Seite 63

Seoul ist die Hauptstadt von Südkorea und liegt in Asien. Die Bevölkerung liegt bei ca. 10 Mio. Menschen.

Nerenchi Seite 67

In Deutschland wird das Spiel „Dame“ gespielt, das nach ähnlichen Regeln funktioniert.

Wörter-Rallye — Seite 76

Mögliche Wörter sind u. a.:
Hamburger, Cheeseburger, Wrap, Soft ice, Coffee to go, Take away, Muffin, Bagel, Chicken nuggets, Ketchup, Sandwich, Döner, Kebap, Tzatziki, Lahmacun, Köfte, Baklava, Pide, Pommes Frites, Tarte, Quiche, Baguette, Croissant, Crêpes, Mousse au chocolat

Ingwer-Wasser — Seite 78

Zuerst musst du den Ingwer schälen.
Dann reibst du den Ingwer.
Die zwei Esslöffel geriebenen Ingwer gibst du in einen großen Krug.
Du gießt zwei Liter frisches Wasser darüber.
Anschließend schälst du die Gurke und hobelst sie in feine Scheiben.
Fülle die Gurkenscheiben zum Ingwer in den Glaskrug.
Am Schluss zupfst du 12 Minzblätter vom Stengel und gibst diese ebenfalls in den Glaskrug.
Stelle das Ingwer-Wasser für ca. zwei Stunden zum Kühlen in den Kühlschrank.
Prost!

Ohne Wasser geht es nicht — Seite 79

Am Tag musst du 4 × 2 km laufen = 8 km.
In der Woche musst du 7 × 8 km laufen = 56 km.
Im Monat musst du 30 × 8 km laufen = 240 km (manchmal auch 248 km).
Im Jahr musst du 365 × 8 km laufen = 2920 km.

In einer Woche verbrauchst du 7 × 10 l = 70 l Wasser.
In einem Monat verbrauchst du 30 × 10 l = 300 l Wasser (manchmal auch 310 l Wasser).
In einem Jahr verbrauchst du 365 × 10 l = 3650 l Wasser.

Was hat das mit Wasser zu tun? — Seite 80

Alle Darstellungen haben etwas mit Wasser zu tun – man spricht auch vom „virtuellen Wasserverbrauch", der berechnet wird für Anbau und/oder Produktion.
Der Wasserverbrauch für die dargestellten Dinge:
T-Shirt ca. 4000 l / Auto ca. 300000 l (für Lack und Kühlung bei der Produktion) / Buch ca. 1650 l / 1 kg Hühnereier ca. 4500 l / Würstchen (1 kg Rindfleisch ca. 15000 l) / 1 Tasse Tee ca. 35 l / 1 Rose ca. 5 l / 0,25 l Cola ca. 75 l / 1 l Milch ca. 1000 l / 1 kg Reis ca. 3000–5000 l.

Wasserkreislauf im Glas **Seite 81**

4 Ein Teil des Regens verdampft sofort wieder und steigt wieder als Wasserdampf in die Luft auf. Ein anderer Teil versickert als Grundwasser im Boden oder fließt in die Flüsse, Seen und Meere.

2 In der Luft verdichten sich die Wasserteilchen zu Tropfen und bilden Wolken.

3 Die Tropfen in den Wolken werden immer schwerer und fallen als Regen zurück auf die Erde.

1 Die Sonne scheint und es wird warm. Wasserteilchen verdunsten und steigen als unsichtbarer Wasserdampf in die Luft.

Redensarten zum Thema Wasser **Seite 82**

3 Stille Wasser sind tief.
6 Steter Tropfen höhlt den Stein.
1 Er ist nah am Wasser gebaut.
7 Sie ist mit allen Wassern gewaschen.
4 Das Wasser steht ihr bis zum Hals.
5 Das ist ein Tropfen auf den heißen Stein.
2 Die kochen auch nur mit Wasser.

Quellenverzeichnis

Fotos
Seite 20: Europakarte
© TUBS/Wikipedia, 2012
URL: http://upload.wikimedia.org/wikipedia/commons/b/be/Europe%2C_administrative_divisions_-_de_-_colored.svg
lizensiert unter 3.0 Unported (CC BY-SA 3.0)

Seite 33: Schule (früher)
© Erica Guilane-Nachez - Fotolia.com

Seite 34: Flagge des Kinderhilfswerks der Vereinten Nationen
Creative Commons CC0 1.0 Universal Public Domain Dedication

Seite 66: Kinder und Fuβball
Kinder spielen Fuβball (Afrika)
© poco_bw - Fotolia.com

Kinder spielen Fuβball (2x)
© Dusan Kostic - Fotolia.com

Jungen/Kambodscha: © Justin Creedy Smith/akg-images
Jungen/Kabul: © akg/horizons
Jungen/Tibet: © akg/horizons

Seite 73: Spielzeuge
Junge mit Spielzeug (Afrika)
© poco_bw - Fotolia.com

Kinder mit selbstgebautem Spielzeug
© diosmirnov - Fotolia.com

Zimmer mit Spielzeugen
© strauchburg.de - Fotolia.com

Texte
Seite 51: Das wertvolle Salz (türkisches Märchen)
https://maerchenbasar.de/das-wertvolle-salz/ (Veränderungen im Satzbau)

Seite 52-54: Baba Jaga (Russisches Märchen)
https://maerchenbasar.de/baba-jaga/ (Veränderungen im Satzbau)

Seite 55: Sonne und Mond (Chinesisches Märchen)
https://maerchenbasar.de/sonne-und-mond/ (Veränderungen im Satzbau)

Seite 60: Irmela Brender: „Wir“
Aus: Gedichte für Anfänger, hrsg. Von Joachim Fuhrmann, Rowohlt Taschenbuchverlag, Reinbek, 1980 © Irmela Brender

Seite 61: Marianne Kreft: „Petra“
Aus: Vorhang auf - Gedichte, PÄDAGOGIK KOOPERATIVE © Marianne Kreft

Seite 63: Reiner Kunze: „Seouler Straβenbild“
Aus: ders., lindennacht. gedichte. © S. Fischer Verlag GmbH, Frankfurt am Main 2007.